故事成語で中国を読む

多久弘一

筑摩書房

目次

君子と小人

英雄たち

女性

理想の政治

学問

少年と歳月

人生の知恵

故事成語で中国を読む

扉絵　南伸坊

君子と小人

君子ハ豹変ス

君子は豹変《ひょうへん》す

★学徳ある人物は、過失を改めて善に移ることがすばやく鮮やかである。
★わが国では誤用されて、行動や思想が急変するさまをあざけるときに用いることが多い。

中国の古典には、古来から君子・小人《しょうじん》が出てきます。
「小人」を定義づけると、
身分の低い庶民
人格が低くてつまらない人（君子と対）
自分を謙遜《けんそん》していうことば（＝小生《しょうせい》）
子ども、ちいさい人という意味
一方、「君子」とは、
徳の高いりっぱな人（小人と対）

位・官職の高い人、有位者
君主
学問・修養に志す人
妻が夫をさしていう呼称

宮崎市定《いちさだ》博士は『中国に学ぶ』の中でおもしろいことを述べています。

「『君子は義に喩《さと》り、小人は利に喩る（論語）』は、君子・小人の定義を教えるよりも、もっと直接に、『諸君は正義に敏感であってほしい。利益に敏感であっては困る。』というふうに、弟子たちに対する注文と見るべきであろう。同様に、『君子は和して同ぜず。小人は同じて和せず（論語）』は、やはり婉曲《えんきょく》な命令形であって、『諸君は互いに協力して貰いたい。党派を造って貰いたくない。世の中には党派を造るが協力できない人があるものだが、その真似はしてくれるな。』という意味になる。」（『　』は原文では改行）

つまり、君子ということばには願望の意味があるから、「君子」ということばを見たら、〝諸君〟という呼びかけの意に解するとよろしい、というのです。

さて、そう考えると、冒頭にあげた「君子は豹変す」は、人に豹変することを勧めていることになります。――そう言うと、え？　なんだか変だ、と思った人も多いのではないでしょうか。このことばは日本では誤解され、あまりよい意味に使われていないからです。自分につごうが悪くなればさっと寝返って「君子は豹変す」とうそぶく変わり身のはやい悪党、それが、今ちょっと「変だな」と思った人がこのことばに対してもっているイメージでしょう。ですが、この原文は、

君子ハ豹変ス。小人ハ革レ面ヲ。

〈『易経《えききょう》』革卦《かくか》〉

君子は豹変す。小人《しょうじん》は面《おもて》を革《あらた》む。

＊レ点＝下の字からすぐ上の字に戻って読む。

で、ちゃんと君子と小人が対になっています。もともとは、「学徳ある人物は、豹の毛が季節によってあざやかにすばらしい毛に抜け替わるように美しく変化する。それに対して学徳のない平凡な人物は、顔の表情を改める程度がせいいっぱいで、君子の変化にはとうてい及ばないものだ」という意味です。

こうやって原典を読むと、小人は面を改（＝革）む、というのがおもしろいですね。まちがった、と思ったとき、君子なら大改革をやるが、小人は表面だけ小手先でちょっと変えてごまかす。思いあたる人がたくさんいそうですね。

こうやってみると「君子豹変」というのは、相手がパッとあざやかにみごとに変化するのをほめたたえたことばであることは、はっきりしています。

ところが日本では、豹は走るスピードが速いことから、このことばを、行動・節操をがらりと一変する変節・裏切りなどを表わすのに多く用いています。これは明らかに誤りです。ここでは変わり身のはやさではなく、豹の毛なみの美しさに焦点があてられているのです。

日本での解釈でこのような誤りが生じたのには、もう一つ、漢文を日本語になおすときの、日本語の助詞の難しさにも原因があるようです。

直木賞作家の陳舜臣《ちんしゅんしん》氏は、この「君子豹変」という句について興味あることを述べています。

「日本語の助詞はデリケートである。日本語でモノを書くことは、はじめからデリカシーを要求される作業なのだ。日本語を習う外国人が、とくに苦手とするのが、この助詞、俗にいう『てにをは』である。

試みにこの『易経《えききょう》』に出てくる君子豹変の四字に、どんな助詞をつければよいか、考えてみよう。『君子は豹変す』か『君子も豹変す』であろうか？　前者なら、君子『だから』豹変する、という意味であり、後者なら、君子『であるのに』豹変するというニュアンスになる。（中略）

君子が善であるのだから、『豹変』が善であれば、とうぜん『君子は豹変す』である。

もし『豹変』が悪なら、善良であるべき君子でさえ豹変するという意味で、『君子も豹変す』または『君子すら豹変す』としなければならない。

正解は『君子は豹変す』である。したがって、『豹変』は善であることになる。」

（陳舜臣『弥縫録《びぼうろく》』から）

私が若い頃、日本人の若者に漢文を教えていた時、クラスの中に二人の中国人がいました。この二人は原文を本来の中国文として理解し、それから日本の漢文式に改めていたわけですが、いま考えるとたいへんなことだったでしょう。

そのうちの一人は、現在、国立中国社会科学院研究生院教授・中国満学研究会理事で、清朝《しんちょう》の太祖・武《ぶ》皇帝《こうてい》ヌルハチ直系の粛《しゅく》親王の孫、愛新覚羅連纏《あいしんかくられんじょう》氏です。愛新覚羅氏からは今でも時々私のところに、「この文を返り点をつけて読むとどうなりますか」という質問の手紙がきます。また中国人学生の中には、日本人は中国語がわからないのに、中国古典をどうやって理解するのか、ふしぎでしょうがないともらす人が多いそうです。

そこで、その連纏氏を通じて私に、日本人がどうやって中国古典を理解するのか、返り点・送りがなの方法、その歴史的由来について、中国で教授してくれないかと、北京の社会科学院研究生院からお招きを受けたことがあります。でも期間が四年間ということで、二度も要請がありましたが、おことわりしてしまいました。

また豹については、このほかにも有名な諺《ことわざ》があります。

豹死留レ皮、人死留レ名。（豹は死して皮を留《とど》め、人は死して名を留む）（『五代史』王彦《おうげん》章《しょう》伝）

これは、「豹は死んでも美しい毛皮をのこす。ましてや人間は死後に名声をのこさねばならない。」というたとえに用います。

『詩経』にも「周雖ニ旧邦一、其命維新。」（周は旧邦《きゅうほう》なりと雖《いえど》も、その命維《こ》れ新たなり。

［注］二字以上をはさんで上の字に戻る時は一、二点を使う。「維れ」は強調）とあって、日々に新しく脱皮せよと教えたものです。「明治維新」の「維新」もここからきています。「明治は維れ新たなり」というわけです。

欧米にも A wise changes his mind, a fool never will.（賢人は常にその考えを改めるが、愚かな人はけっしてそうしようとしない。）という諺があります。

君子たるもの何度も豹変し、新しい境地を開いてこそ死後に名が残るのかもしれません。

過《あやま》ちては則《すなわ》ち改むるに憚《はばか》るなかれ

★過ちを犯したら、すぐに改めよ。

「君子は豹変す」というのは、この、「過ちては……」ということばとも一脈通じています。これも、もともとの主語は君子で、原文は次のようになっています。

君子不重則不威。学則不固。主忠信、無友不如己者。過則勿憚改。

〈『論語』学而《がくじ》第一〉

君子重からざれば則ち威《い》あらず。学べば則ち固《こ》ならず。忠信を主《しゅ》とし、己《おのれ》にしかざる者を友とするなかれ。過ちては則ち改むるに憚《はばか》るなかれ。

［注］君子＝ここでは上に立つ人。為政者。

意味としては、「君子は慎重にしなければ威厳がなくなる。学問をおさめると頑固、つまり偏った考えがなくなって物の見方が広くなる。誠実と信義を重んじて、自分よりも劣った人物を友とするな。過ちを犯したらすぐに改めよ。」

このなかの「己《おのれ》にしかざる者を友とするなかれ」は、誤解を招きやすいことばですが、孔子《こうし》の真意は、人の上に立つ人間は、自分自身よりも劣った人を友として、お山の大将をきめこんでいい気になってはならない、というところにあります。とかく上に立っている者のところには、その地位におもねる人たちが集まってきますからね。

そうやって人に囲まれていれば、人はとかく体面を気にしがちですが、もし過失を犯した場合は、他人のおもわくなんか気にかけず、すぐさま改めよ。これはそういう教えなのです。孔子のいう過ちとは、

過チテ而不ルレ改メ、是ヲ謂フレ過チト矣。

〈『論語』衛霊公第十五〉

過ちて改めざる、是《これ》を過ちと謂《い》ふ。

[注] 矣＝断定をあらわす語気詞。読まない。

「過失を犯しても改めようとしない、これを本当の過ちという。過ちを改めなければ、過ちはどんどん大きくなって、改めることができないようになっていくものだ。」

これについて安井朴堂《やすいぼくどう》（旧制学習院および旧制一高教授。本名：小太郎。江戸末期の儒学者である安井息軒《そつけん》の孫）は、

「過ちというものは知らずに起こるものだ。自分がよいと思ってやったことが、過ちになることがある。故に初めの過ちは孔子は致し方がないとして咎《とが》めない。けれど悪いと知って故意にやれば悪になる。下の過ちは悪という意味を含ました過失で、上の過ちは全く知らずにやったのだから、過ちの意味が弱い。この句は簡単なことばだが非常によいことばと思う。」

と解説しています。そのときに朴堂は、『論語』の次の句を引用しています。

人之過也、各於其党。観過斯知仁矣。

〈『論語』里仁第四〉

人の過ちや、各《おのおの》其《そ》の党に於《お》てす。過ちを観《み》れば斯《すなわ》ち仁《じん》を知る。

［注］党＝たぐい、同類、種類。斯＝則ちと同じ。矣＝断定。読まない。

「人が過ちを犯すときは、人それぞれその特性に応じて犯すものだ。君子は人情が厚すぎて過ちを犯す。小人は人情が薄すぎて過ちを犯す。だからその過ちをよく観察すれば、仁者かどうかわかるものである。」

（論語）

うーんとうならせる、なかなか含蓄《がんちく》のあることばです。

君子に三戒《さんかい》あり

★年齢に応じて注意すべきこと三つ。若年は色欲、壮年は闘争、老年は貪欲に気をつけなくてはならない。

孔子はまた、人がおかしやすい過ちを、次のようなことばで戒《いまし》めています。

孔子曰ク、「君子ニ有リ三戒一。少《わか》キ之《の》時ハ、血気未ダレ定マラ。戒ムルニレ之ヲ在リトレ色ニ。」

〈『論語』季氏《きし》第十六〉

孔子曰《いわ》く、「君子に三戒有り。少《わか》きの時は、血気未《いま》だ定まらず。之《これ》を戒むるに色に在り」と。

［注］未《いまダ》《ず》レ＝再読文字。まだ——しない。

この後、さらにこう続きます。

「其《そ》の壮《そう》なるに及びてや、血気方《まさ》に剛《ごう》なり。之を戒むるに闘《とう》にあり。其の老なるに及びてや、血気既《すで》に衰《おとろ》ふ。之《これ》を戒むるに得にあり。」

これは孔子が、人間の一生を三つに分けて、それぞれの年代で人として特に慎まなければならないことを述べた、深い人間観察にもとづいた戒めです。

「君子には、慎み、注意しなければならないことが三つある。

若年のころは、ものごとに激しやすい盛んなエネルギーがあって、その発動による若々しい生命力、すなわち色欲が最も不安定なので、これをじゅうぶん慎まなくてはならない。

壮年時代は、体力・気力ともに絶頂に達する。このとき注意しなければならないのは、人との闘争である。この時期はあらゆる機能が発達して自信満々となり、人との衝突が絶えないからだ。

老年時代になると、体力・気力・生命力が衰えて、楽な生活や子や孫のためにと貪欲になって、恥も外聞もなくなる。それに注意しなくてはならない。」

幕末から明治にかけて活躍し、江戸無血開城の道を開いた政治家・勝海舟《かつかいしゅう》も、その晩年の語録『氷川清話《ひかわせいわ》』の中で、この「三戒」に言及してこう述べています。

「若いときのやりそこないは、たいがい色欲からくるので、孔子も『之を戒むること色に在り』といわれたが、実にそのとおりだ。

しかしながら、若いときには、この色欲を無理に押えようとしたって、それはなかなか押え付けられるものではない。ところがまた、若い時分に一番盛んなのは功名心であるから、その功名心という火の手を利用して、一方の色欲を焼き尽くすことができれば、はなはだ妙だ。

そこで、情欲が盛んに発動してきたときに、じっと気をしずめて英雄豪傑の伝を見る。そうするといつの間にやら、だんだん功名心に駆られて、専心一意、ほかのことは考えないようになってくる。

こうなってくれば、もうしめたものだ。今の書生連中も、試みにやってみるがよい。決して損はないよ。」

「人間は年が寄ると駄目だ。やれせがれがどうの、やれ孫がどうのと、始終これらの妄念にかられるから、たちまちもうろくしてしまう。ここの工夫は、よほどむずかしいもので、何人《なんぴと》も胸に少しの塵《ちり》もなく淡然として世を渡るということはできがたい。

若いものも同様だ。やれ物知りになりたいとか、やれ名誉を得たいとか、始終いろいろの妄念にかられている。この点に至っては、年寄りも若い者も同じことだ。」

海舟は「君子に三戒あり」をじゅうぶん理解して、当時の人々に意見を述べたのです。

また「色」に関しては、ほかにも有名な句があります。

子曰《しいわ》く、「吾未《われいま》だ徳を好むこと色を好むが如《ごと》くなる者を見ざるなり。」（［注］「子」というのは孔子のことで、先生という意味。『論語』は大部分「子曰く」から始まる。）孔子は、「私はまだ、徳を好むことが女色《じよしよく》を好むのと同じような人物を見たことがない。」つまり、女性の美しさを愛するように徳を愛する者はいない、と言ったのです。

徳とは人格・教養のことですが、また有徳者という意味にもとれます。この孔子のことばは、衛《えい》の国に滞在中、淫乱で有名な王妃、南子《なんし》にお目通りした時のことばです。孔子が最初に南子に拝謁《はいえつ》した後、宿にもどりますと、ふきげんな顔をした弟子の子《し》路《ろ》が出迎えました。もちろん子路は、孔子が南子に会うことに大反対をしたのです。孔子は子路に誓いました。「私のすることを見ておれ。もし道に背くことがあれば、お前が咎《とが》めるまでもなく、天が私を見捨てるだろう。」

そして孔子は、馬車に乗って街を巡る案内を受けました。衛公と南子と宦官《かんがん》とが先頭車に乗り、その後の車に孔子が乗って、衛の大通りを駆けたのです。この時、宿舎にもどった孔子の口から出たのが、前述した「徳を好むこと色を好む……」のことばでした。

世間ではこれを聞いて、孔子も結局は南子の色香にいささか心を動かされたのではないかとの風評もたったようです。

それから孔子は三年間も衛にとどまっていました。そして大動乱が始まったのです。ここではじめて孔子は、「乱邦《らんぽう》には居《お》らず」と衛を去りました。（論語）

小人閑居《しょうじんかんきょ》して不善を為《な》す

★つまらない人間は、ひまですることもないと、よくないことをしがちである。

この「小人閑居シテ為ス二不善ヲ一」というのは、人格の低い、学問も徳もない人間がひまがあってすることもなくぶらぶらしていると、人の見ていない、聞いていないとき、ややもすると善《よ》からぬことをする、という意味でしょう。

さきほどの「君子三戒」で言えば、若い人はこういうときにはうっとりと男女関係の思いにふけるでしょうし、壮年なら相手をぶっつぶすことや、老人なら欲得ずくの考えにふけるでしょう。とかく小人は、時間があって誰も見ていないと、自分の欲望に抗《こう》しきれなくなるのですね。

その反対に、「君子必慎二其独一也」（君子は必ず其《そ》の独りを慎む。［注］也＝断定）また、「不レ欺二闇室一」（闇室《あんしつ》を欺《あざむ》かず。『宋名臣言行録』）ということばもあります。

つまり、君子は独りでいる場合や、他人が見ていない、聞いていない場合でも、必ず行いを慎んでいるという意味です。後の句も、暗い所でも身を慎む、という意味で、正献公《せいけん》が張来《ちょうらい》をほめた言葉です。

けっきょく小人・君子の違いは、他人が見ていようといなかろうと、人が聞いていようといなかろうと、己《おのれ》を欺くことをしない表裏のない人物であるかどうかにかかっています。人の目がないと、とかくその人の本性が暴露されるものです。

このことばはまた、いつも忙しくしていれば、人はそうらちもないことは考えないものだ、というとり方もできます。そういう意味ではこの「小人閑居して……」と似た意味のイギリスの諺《ことわざ》に、「着実な仕事は人を悪から遠ざける、ぼんやりしている頭は悪魔の工作室である」(Steady employment keeps one out of mischief, for truly an idle brain is the devil's workshop.) というのがあります。

これまでにあげた以外に、古来から有名な君子・小人を対比する言葉を、先述の安井朴堂《ぼくどう》の口述筆記である『論語講義』からいくつかあげてみましょう。

「君子《ハ》泰《ニシテ》而不レ驕《ラ》、小人《ハ》驕《ニシテ》而不レ泰《ナラ》。(君子は泰《たい》にして驕《おご》らず、小人は驕《きょう》にして泰《たい》ならず。）

『泰《たい》』とは一体ゆっくりしていること、『驕《きょう》』とはたかぶること。この、物事にゆっくりしているということは、見ようによるとたかぶっているように見えるものである。人が話をしかけてもきちんきちんと返事をしない。あるいはたまには立たないこともあるというようにゆっくりしている、その方は泰であるが、あんな奴が呼んだから返事しない、あんな奴が呼んだから立たないというのは驕である。君子のは、あんな奴が呼んだからというのではなく、誰が呼んでもゆっくりしている、それが泰と驕の違いである。……君子のは泰であって驕でなく、小人のは驕であって泰ではないのである。……」

「**君子成《ハシ》二人之美《ヲ》一、不レ成《サ》二人之悪《ヲ》一。小人反《ハス》レ是《ニ》。**（君子は人の美を成し、人の悪を成さず。小人は是《これ》に反す。）

君子はなるべく人の為によいようにしてゆく、その人の話をする時にもその人の害になるようなことは第三者にはなるべく言わない。しかし隠すのではなく、場合によっては言うかもしれないが、なるべくその人の都合のよいようにというように話をしてゆく。小人は是に反す、とは小人の信実でない心持ちを言ったので、人の不《ふ》為《ため》になるようなことばかりする人があるもので、それは小人というものであるというのである。」

以上のことから君子・小人の違いがだいたいくみとれたのではないでしょうか。

私たちもなるべく君子をめざしましょうね。

（大学）（宋名臣言行録）

和《わ》光同塵《こうどうじん》

★自分の才能を隠し、俗世間の中に交わること。

これまでは主に孔子の思想から「君子」のあり方をたどってきましたが、荘子《そうし》とともに「老荘《ろうそう》思想」として知られる独特の考え方を持っていた老子《ろうし》は、また違ったタイプの理想の人間像を描いていました。たとえば『老子』に、

知ル者ハ不レ言ハ、言フ者ハ不レ知ラ。
塞ギ二其ノ兌《あな》ヲ一、閉ジ二其ノ門ヲ一、挫キ二其ノ
鋭ヲ一、解キ二其ノ紛ヲ一、和ゲ二其ノ光ヲ一、同ズ二
其ノ塵ニ一。是ヲ謂フ二玄同ト一。

知る者は言はず、言ふ者は知らず。其《そ》の兌《あな》を塞《ふさ》ぎ、其の門を閉じ、其の鋭《えい》を挫《くじ》き、其の紛《ふん》を解き、其の光を和《やわら》げ、其の塵《ちり》に同《どう》ず。是《これ》を玄同《げんどう》と謂《い》ふ。

〈『老子』玄徳〉一

という文があります。

「真に道を体得している者はなんにも言わない。とやかく言う者はなんにも理解していない。自分の耳・目・口・鼻をふさぎ、耳・目・口・鼻の門を閉じ、自分の鋭気をくじき、鋭気から生じた紛争を解きほぐし、自分の知識をやわらげ曇らせる、これを玄妙《げんみょう》な道に同化するというのである。」

人間の五官の欲望を封じこめて、才知・才能を表にひけらかすことなく、世の人々と同調していく。老子は、これこそ真に道を体得した人であると教えたのです。

また列子《れっし》（列禦寇《ぎょこう》。紀元前四五〇？—前三七五年？）の書に「忘れる男」という文があります。評論家・林語堂《りんごどう》は、この文を引用して老荘思想をおもしろく説明しています。

宋《そう》の国は陽里《ようり》に住む華子《かし》という中年の人が、メランコリーから完全な健忘症にかかりました。道では歩くのも忘れる、家では坐るのも忘れたのです。他は推して知るべしです。現在も未来もすべてなくなったのですから、家庭ではたいへんです。いろいろ手を尽くしましたが、医者はもちろんのこと、祈禱師《きとうし》、占師、巫すべてききめなしです。

そこに現われたひとりの儒生《じゅせい》が、私がなおしましょうと申し出ます。家族の者が、この病気がなおせたら財産を半分さしあげると約束しました。

儒生は、「病人の心・考えを変えましょう」と。そしてまず病人を飢えるようにしました。すると、食べものをくれといいます。寒いようにしむけると着物を、暗い室に入れると明るいところへ連れていってくれというのです。最後に一人で室に閉じこめておくこと七日間、ずっとほったらかしにしておきました。これで数年来の病気がころっとなおってしまったのです。病気がなおりますと、当人はたいへんな怒りようです。

「私が病気にかかっているときは、天地の有無も知らず、のんびりしていたのに、いま目覚めると、生死・損得・哀楽・好悪、あれやこれやといちどきに迫ってきて、私の心を乱すのではないかと心配で心配でしようがない。もう一度、すべてを忘れたい。」

と嘆いたそうです。

孔子の弟子・子貢《しこう》はこの話を聞いてもさっぱりわかりません。孔子にお尋ねしたのです。ところが孔子は、「おまえにはまだ無理だ」と言って、顔回《がんかい》にこの話を書きとめさせたといいます。

この話は、知恵・学識・道徳はすべて不自然な作為・人為であって、無知・無欲・無学・無為自然をよしとする老子哲学の道を説いたものなのです。

また老子は、徳をじゅうぶん体得している人はむじゃきな赤子のようだと説き、毒虫も猛獣も猛禽《もうきん》も害を加えない無心・無欲の自然体、これこそ幽玄《ゆうげん》の道に通じるよき兆《きざ》しであると説きました。そして、「若さを善しとし、老年を善しとし、人生の始めを善しとし、人生の終わりを善しとする。」と高らかに唱えました。

老荘思想でいう「無為《むい》」というのは、何もしないとか、行為を否定するということではなくて、自分の本来の立場にかえるという意味で、自分を否定してはじめて真の自分が現われるとするものです。人間的なものを否定する、するとそこに真に人間的なものが現われるとする「無為」は、「無不為」に通じるものなのです。

知りて知らずとするは上《じょう》なり

★知っていても知らないふりをするのがりっぱな態度である。
★深く知り尽くしても、それをみだりに口にしないこと。

『史記』によりますと、老子は楚《そ》の苦《こ》県（現在の河南《かなん》省にある鹿邑《ろくゆう》県）の人で、姓は李《り》、名は耳《じ》、字《あざな》は伯陽《はくよう》、また聃《たん》ともいいます。
老子は一時、周に仕えて書庫の役人になりました。そのころ（紀元前五二二年）、孔子がわざわざ老子を訪ねて「礼」について尋ねますと、老子は次のように告げました。

良賈《コハ》深《ク》蔵《シテ》若《ク》レ虚《シキガ》、君子《ハ》
盛徳《アリテ》、容貌若《シ》レ愚《ナルガ》。
〈『老子』〉

良賈《りょうこ》は深く蔵《ぞう》して虚《むな》しきがごとく、君《くん》子《し》は盛徳《せいとく》ありて、容貌愚《ようぼうぐ》なるがごとし。

「商売上手な商人は、商品を店の奥におさめて、店先には何もないようにしている。君子はりっぱな徳をもっていても、表面に表わさず謙遜《けんそん》して、ちょっと見るとその顔つきは愚人のように見えるものである。礼のもとは謙虚にある。」

これを聞いて孔子は弟子たちに、「走る獣は網で、泳ぎまわる魚は釣り糸で、大空を飛ぶ鳥はいぐるみ（紐《ひも》をつけた矢）で捕えることができるが、霊獣といわれる龍だけは本性をみきわめることができない。龍は風雲に乗じて天に上っていく。老子は龍のような人物ではなかろうか。」

その後、老子は周の衰亡を見て、周を去ります。その道中、函谷関《かんこくかん》にさしかかったおり、関所の長官から書物を書きのこしてくれと頼まれ、「道徳五千余言を著わして去る。其の終る所を知るものなし」と『史記』はこの話を結んでいます。

このように、『史記』では老子と孔子は同時代の人となっていますが、今の定説では、老子は孔子よりも後の時代の人です。では『史記』ではなぜこういうふうに述べたのでしょうか。その理由として森三樹三郎《みきさぶろう》氏の著書には、「司馬遷《しばせん》の時代、すなわち前漢の初期には、道家《どうか》思想が儒家《じゅか》思想よりもはるかに有力であったために、この種の道家にとって有利な説話がひろく世間に行なわれていたのであろう。『史記』の記事は、当時の通説を記録したものと見ることができる」とあります。

さて、冒頭に掲げた句の原文は『老子』に次のようにあります。

知リテ不トスルハ㆑知ラ上ナリ。不シテ㆑知ラ知レリトスルハ病ヘイナリ。夫レ唯ダ病トス㆑病ヲ。是ヲ以テ不㆑病アラ。聖人不㆑病セ。〈『老子』知病〉

知りて知らずとするは上なり。知らずして知れりとするは病《へい》なり。夫《そ》れ唯《た》だ病《へい》を病《へい》とす。是を以《もっ》て病《へい》あらず。聖人病《へい》せず。

意味としては、「深く知り尽くしていても知らないふりをするのが、最高の態度である。なにも知らないくせに知ったかぶりをするのは、たいへんな欠点である。そもそも欠点を欠点としてじゅうぶんに自覚している、だからこそ聖人は欠点がないのである。」

『老子』の底本・宋版《そうばん》の河上公本《かじょうこうぼん》（書物の名）の注にも「道を知りて知らずと言ふは、是《こ》れ乃《すなわ》ち徳の上《じょう》なり」と述べてあります。中国人は「知りて知らず」をよく守っていますから、老獪《ろうかい》で旗幟《きし》不鮮明《ふせんめい》（旗じるしがはっきりしない、態度・主義が不明確である）とか、曖昧模糊《あいまいもこ》、呆若木鶏《タイルームージー》（木彫りの鶏のようにぼんやりしている）とか言われるわけです。

わが国でも『毛吹草《けふきぐさ》』に「散る頃は知りて知らざれ木々の花」とあって、知っていてもひかえめにするのがいい、それがおくゆかしいことだと教えています。また、ちょっと考えさせるわが国の美談として、次の話が伝わっています。

江戸時代前期、筑前《ちくぜん》の大学者・貝原益軒《かいばらえきけん》が、乗り合い舟に乗りあわせた時のことです。舟の中央で、とくとくとして経書《けいしょ》を講義して、自分の博学ぶりを誇っている若者がいました。益軒もそれを、舟の隅でじっと聞いていたわけです。

さて、当時の風習では、舟をおりるときに姓名を名のるのが決まりです。そこで益軒も最後に、筑前の「なにがし」と名のったわけです。その姓名を聞いた若者は、あっとばかり驚き、恥じ入って、名も告げずに逃げるようにして立ち去ってしまいました。

この話は、私が旧制中学のころには「亢顔《こうがん》経を談ず」という題で必ずといってもいいくらい教科書にも載っていました。教科書の教えとしては、若者の自慢、知ったかぶりをいましめたわけです。

では、「知りて知らずとするは上なり」といういましめは、この若者にだけあてはまるのでしょうか。『老子』の考えに立って述べると、益軒は舟からおりるときに名を明かすくらいなら、はじめから名を明かせばよい、あるいは最後まで姓名を伏せておけばよかったと思った同船の客もいたはずです。

芥川龍之介《あくたがわりゅうのすけ》の『侏儒《しゅじゅ》の言葉』にもこうあります。

「一　無言に終始した益軒の侮蔑は如何《いか》に辛辣《しんらつ》を極めていたか！

二　書生の恥じるのを欣《よろこ》んだ同船の客の喝采は如何に俗悪を極めていたか！」

また、中国にはこんなエピソードもあります。

むかし、秦《しん》の牛欠《ぎゅうけつ》という、ひとかどの人物が、山中で盗人にあって、お金はもちろん、持ち物から車馬にいたるまで身ぐるみはがされたのです。ところが、ご本人は平然として、笑いさえ浮かべています。盗人もちょっと、薄気味悪かったんでしょうか、

「おまえを刀で威《おど》して身ぐるみはいだが、おまえはどこ吹く風のへいきのへいざ。いったい何を考えているんだ。」

すると牛欠は、いとも気軽に、「銭でも、着物でも、馬でも、どうってことはない。なあに、命さえ無事なら、なんとかなるもんだ」と気にもかけていないんです。

　盗人はたがいに目を見あわせて、

「こんなひどいめにあっても平然としてあわてもしない。こんなにどえらくて度胸のいい奴には会ったこともない。こんなやつを世間では英雄というんだ。こいつがお上の御用でもつとめたら、おれたちはいっぺんにお縄になってしまうぞ。」

と、みんな首をすくめて、けっきょく牛欠を殺してしまったのです。

　牛欠は、「不知の知」「不勇の勇」をまだ悟っていなかったのです。あまりにも自分の聡明さと大胆さとが、むきだしになりました。

『荘子』にも「小知は大知に及ばず」（小知不㆑及㆓大知㆒）とあって、牛欠さんはまだ、小知の部類だったのですね。


（老子）（淮《え》南子《なんじ》）

英雄たち

鶏ヲ割クニ焉ンゾ牛刀ヲ用ヒンヤ

鶏《にわとり》を割《さ》くに焉《いずく》んぞ牛刀を用ひんや

★小事を処理するのに、大人物や大きな手段・手腕はいらない。

孔子が、弟子の子游《しゆう》が長官をしている武城に行かれた時のことです。そこへ弦楽器を伴奏にして歌声が聞こえてきました。すると孔子はにっこりと笑って子游におっしゃったのです。

割《クニ》レ鶏《ヲ》焉《ンゾ》用《ヒンヤ》ニ牛刀《ヲ》一。

〈『論語』陽貨第十七〉

鶏を割くに焉んぞ牛刀を用ひんや。

[注]焉《いずくンゾ》――ヤ＝反語。どうして――することがあろうか。

「鶏を料理するのに牛刀を使うことはないだろう。」

牛刀とは牛を料理する特別大きな包丁です。つまりここでは、こんなちっぽけな町を治めるのに礼楽《れいがく》の道などというおおげさなものをもちだすことはなかろう、と。

言われた子游は、「以前、先生は私に、『上に立つ為政者が礼楽を学ぶと人を愛するようになり、庶民が礼楽を学ぶと使いやすくなる』と言われたはずです」と反論しました。

すると孔子は、そばにいた弟子たちに、「いまの偃《えん》（子游の名）の言は正しい。さっき言った私のことばは冗談だよ」と。

でも、孔子が冗談だと打ち消した、この「割レ鶏焉用二牛刀一」ということばは、「小さなことをするのに大き道具立ては必要ない」という意に用いられるようになりました。

その後、皇侃《おうがん》（南朝・梁の学者、四八八―五四五）・劉宝楠《りゅうほうなん》（清代中期の学者、一七九一―一八五五）はこの話を再解釈して、孔子はこの時、「こんな小さな町を治めるのに子游のような大才を用いることはない」と言ったのだ、としました。また、江戸前期の儒学者・荻生徂徠《おぎゅうそらい》は、「この小さな町を治めるために、もっと急いで処理すべきことがあるのに、こんな迂遠《うえん》なことをまだやっているとは……」という意味だったのだ、と述べています。

みなさんごぞんじの『三国志演義』にも、印象的な場面でこのことばがでてきます。正史『三国志』の著者・陳寿《ちんじゅ》に「狼《おおかみ》・残忍・暴虐・不仁」と評された董卓《とうたく》は、『演義』の中で、すでに衰運おおうべくもない漢の少帝《しょうてい》を廃して献帝《けんてい》を立てて大権をにぎった後、同じく陳寿に「狂った虎」と評された呂布《りょふ》と、父子の契りを結びます。そして漢の朝廷ではもちろん、洛陽《らくよう》でも長安でも暴虐のかぎりをつくしたのです。

この義理の父子に対し、孫堅《そんけん》は手勢をひきつれて、洛陽を守る要衝・汜水関《しすいかん》に攻撃をかけました。この攻勢に、洛陽にいる董卓がまさに仰天して驚きますと、呂布が、「父親、慮《おもんぱか》ることなかれ。草芥《そうかい》の如し。」つまり、「義父上《ちちうえ》心配なさるな。外藩《がいはん》の諸大名は塵《ちり》あくたのようなものです。最強の軍隊をひっさげて出陣させてくだされば、敵の首をぜんぶ斬って都の城門にかけ、さらし首にしてお見せしますぞ。」

この時です。呂布のうしろから大声を発して、

「鶏を割くにいずくんぞ牛刀を用いんや。」

呂布将軍のような大豪傑を用いることはない。自分が出かけて諸侯の首を斬ってきますぞ。そんなことは「嚢《のう》を探って物を取るが如きのみ」（物事を簡単にできるたとえに

用いる。『五代史』の李穀《りこく》のことばから出た）――つまり、「それは袋の中の物を探し求めるようにたやすいことだ」と。

見ると、身長は九尺、虎のような肉体、狼のような腰、豹のような頭に、猿のようなひじ。華雄《かゆう》という豪傑です。

董卓は大喜びです。華雄の位を上げてやって、歩兵・騎兵あわせて五万を与えました。

華雄は、馬によろいを着せた鉄騎五百をくり出し、諸侯の一人である相鮑信《しょうほうしん》の弟、鮑忠《ほうちゅう》の軍を打ち破って、鮑忠の首を董卓に献上し、華雄は都督《ととく》（ここでは軍の司令官）に任命されました。

それ以後も彼は、呉《ご》の孫堅《そんけん》を追いつめ、将の祖茂《そも》を斬り、続いて袁術《えんじゅつ》の部下、兪渉《ゆしょう》を斬り、韓馥《かんぷく》の部下・潘鳳《はんぽう》を斬るという猛将軍ぶりを見せましたが、けっきょくは蜀《しょく》の関羽《かんう》将軍に討ちとられ、もともとの牛刀たる呂布も、部下に裏切られ、曹操《そうそう》・劉備《りゅうび》に処刑されて、みじめな最期をとげます。

さて、このことばのもとになった子游が、部下の澹台滅明《たんだいめつめい》のひとがらを評した、有名なことばがあります。最後にそれをあげておきましょう。私の好きなことばです。

孔子が子游に、汝は武城の長官となったが、そこでりっぱな人物を見つけたか、と問うたときのことです。子游はこう答えたのです。

有リ二澹台滅明ナル者一。行クニ不レ由ラレ径ニ。非ザレバ二公事一、未ダル三嘗テ至ラ二於偃之室ニ一也。〈『論語』雍也〉

澹台滅明なる者有り。行くに径《こみち》に由《よ》らず。公事にあらざれば、未《いま》だ嘗《かつ》て偃《えん》の室《しつ》に至《いた》らざるなり。

「私は姓は澹台、名は滅明という人物を発見しました。彼はどこかへ行くのに近道をとりません。公務以外で私・偃（自称には本名を用いる）の私室にやってきたことは一度もありません。」

ここで、近道をしないというのは、人物の公正を示す比喩的なことばです。「行くに径《こみち》に由《よ》らず」――キッパリしたいいことばですね。

また、そのころは、私宅であろうと私室であろうと、長官のもとに賄賂を持ってやってきて、秘密の取り引きが行なわれることがよくあったのです。しかし澹台滅明《たんだいめつめい》はそんなことがまったくありません。

『史記』にも澹台滅明のことが記されています。彼は一度、孔子に入門しようとしたのですが、孔子はあまりに彼が醜男《ぶおとこ》だったために注目しなかったようです。その後、彼は自分なりの方法で学問がいちおう成って退き、のちには諸侯に名声高く、「門人三百」と記録されています。

孔子は、「吾《われ》言を以て人を取り、これを宰予《さいよ》に失す。貌《かお》を以て人を取り、これを子《し》羽《う》に失す」と言ったそうです。子羽とは、澹台滅明の字《あざな》です。「私は宰予の巧みなことばでその人物を見そこない、また容貌で澹台滅明の人物を見そこなってしまった。」

孔子の深い反省がこの文ににじみでていますね。

しかしここは、こういう人物を発見し、信任・重用した子游の、すぐれた長官ぶりこそほめたたえるべきでしょう。

先んずれば人を制す

★人に先駆けてやれば成功する。早い者勝ち。

万里の長城で有名な、中国最初の皇帝、秦の始皇帝は、東方巡幸のとちゅうで急死しました(紀元前二一〇年)が、喪を伏せて、その屍《しかばね》の悪臭を消すために、塩づけの魚を車に積んで、宰相の李斯《りし》、宦官《かんがん》の趙高《ちょうこう》が乗りこみ、都・咸陽《かんよう》で始皇帝の崩御を発表しました。

始皇帝には、二十余人の皇子がいましたが、まだ皇太子は決定されていませんでしたから、その動揺を防ぐためだったのでしょう。

その間、李斯・趙高の手によって、さらに偽の遺言書作りも進行していました。匈《きょう》奴《ど》討伐中の始皇帝の長子・扶蘇《ふそ》と将軍・蒙恬《もうてん》(毛筆を発明した人といわれています)の両名に自殺を命じ、自分たちの自由になる次男の暗愚な胡亥《こがい》を二世皇帝の位につけるためです。聡明といわれた始皇帝も、李斯・趙高のような奸悪《かんあく》な人物を常に側近として用いていたということですね。

胡亥は、「一生享楽にふけって死にたい」と望んだ愚か者です。趙高は、二世皇帝に即位した胡亥に、「人民はできるだけ厳しい刑罰でとりしまり、古い家来はやめさせ、新しい家臣を優遇すれば、必ず安心して好きなことができます」と進言しました。そこで二世皇帝は、新法律をどんどん作り、刑罰はますます厳しく、ちょっとしたことでも人民を死刑にし、民衆はたいへんな苦しみでした。

そこで民衆の命がけの抵抗運動がはじまり、そこに秦に亡ぼされて日が浅い六国《りっこく》の遺臣たちの故国回復の志もからまって、二世即位の翌年には、有名な陳勝《ちんしょう》・呉広《ごこう》の叛旗《はんき》がひるがえり、叛乱はまたたくまに全国に広がっていったのです。

陳勝は、若いころ日雇いで農耕をやっていましたが、ある日、雇い主に、「私が出世したら、必ず恩返しをしよう」と言ったところ、雇い主は笑って、「日雇いのくせに、出世なんかできるものか。ホラを吹くな。」

陳勝は長嘆息《ちょうたんそく》して、「ああ燕雀《えんじゃく》安《いずく》んぞ鴻鵠《こうこく》の志を知らんや。」（嗟呼、燕雀安知㆓鴻鵠之志㆒哉。［注］安《いずくンゾ》――《（セン）》（哉《や》）＝反語。どうして――しようか、しない。「焉」と同じ。）

「燕《つばめ》や雀《すずめ》（＝小人物）に、大鳥（＝大人物）の志がわかってたまるか。絶対にわからん」と。

この名文句は天下にひろまりました。読者のみなさんも時には「燕雀……」を高らかに唱えてください、気持ちがスッキリしますよ。

陳勝は呉広とともに兵隊として徴発を受け、二人は分隊長みたいなものに任じられて、漁陽《ぎよよう》まで送られる予定でしたが、大沢郷《だいたくきよう》（今の安徽《あんき》省の西。この陳勝・呉広の乱により、農民運動発祥の地として有名になった）まで来ると、大雨のため道が不通となっていました。目的地に遅刻すれば死刑という規定です。二人はここで大決心をしたのです。叛乱です。二人は完全にアジテーターになりました。

「公《こう》ら期を失す。法斬《ざん》にあたる。壮士《そうし》死せずんば已《や》む。死せば大名《たいめい》を挙げんのみ。王《おう》侯将相《こうしようしよう》寧《いずく》んぞ種《しゆ》あらんや。」

「君たちは期日に遅れた。軍法によれば斬罪。男子は死ななきゃそれでいい。死ぬんなら、大きな名を残せ。王も大名も大将・大臣も同じ人間にすぎない。誰でもなれるんだぞ。」

「王侯将相寧んぞ種有らんや。」（王侯将相寧有レ種乎）――この名文句も天下にひろまりました。みんな挙兵・反乱に賛成です。会稽《かいけい》郡の太守《たいしゅ》・殷通《いんとう》はこの乱に乗じようと、かつての楚《そ》の名将軍・項燕《こうえん》の子、項梁《りょう》を招き、

「江西方面は、みな叛旗をひるがえした。ついては汝《なんじ》を将軍として兵を挙げたい。

先《ンズレバ》則《チ》制《シ》レ人《ヲ》、後《ルレバ》則《チ》為《ル》ニ人《ノ》
所《ト》レ制《スル》。

先んずれば則《すなわ》ち人を制し、後《おく》るれば則ち人の制する所となる。
[注] 為《なル》ニ……所《ノト》レ——（スル）＝受身。……に——される。

人より先んじて事を行なえば有利である。人のあとにまわれば、牽制《けんせい》されて不利となりますぞ。」

これを聞いた項梁は、甥《おい》にあたる項羽《こうう》を呼んで、目配せをします。すると項羽は、目にもとまらぬはやわざで、一刀のもとに殷通太守《いんとうたいしゅ》の首を斬り落としました。

まさに「先んずれば人を制す。」こうして項梁は会稽郡の太守に、項羽は副将軍となり、秦に向かって進軍しました。

この「先んずれば人を制す」、英語では、First come, first (best) served.（一番早く来た者が一番早く［一番よい］わりあてを受ける。）

この、楚の名門・項氏の旗あげを聞いて、叛乱軍は十万の大軍にふくれあがったのです。

驚いた二世皇帝は、博士や儒者たちを召し集めて尋ねました。「陳勝一味が蘄《き》（安《あん》徽《き》省宿県の南）を攻め、陳《ちん》（河南省淮陽《わいよう》）に入ったと報告があった。諸公はどう思うか。」

これに対し、博士・儒者は口をそろえて、「これは反逆です。謀叛です。死罪にあたり、許すべからざることです。軍を進めて逆賊を一刻もはやく討伐されますように。」

ところが、ちかぢか博士に任命されることになっていた叔孫通《しゆくそんとう》だけは、

「陛下。博士・儒者どもの進言は、すべてまちがっております。秦大帝国は、郡・県城を破壊し、兵器は没収して二度と使用しないと天下に公布しました。しかも聡明な皇帝が上《かみ》にましまし、法令は下《しも》にあまねく行きわたり、人民はそれぞれ職を奉じ、天下の士は四方から都に集まり、天下泰平の今、謀叛人などいるはずがありません。これは単なる盗賊の集団、鼠・狗《いぬ》と同じこそどろにすぎません。どうして問題にするに

たりましょう。郡守・郡尉《ぐんい》が今にも捕えて罪を論じましょう。なんの心配もいりません。」

此レ特《ただ》ニ群盗・鼠窃・狗盗耳。何ゾ足ランヤレ置クニ二之ヲ歯牙ノ間ニ一。

〈『史記』叔孫通《しゅくそんとう》伝〉

此《こ》れ特《ただ》に群盗・鼠窃《そせつ》・狗盗《くとう》のみ。何ぞ之を歯牙《しが》の間に置くに足らんや。

［注］特《ただニ》——耳《のみ》＝限定。何ゾ——ヤ＝反語。どうして——しようか。

二世皇帝はおおいに喜んで、「そうであろう、そうであろう」と、叔孫通にはなんと帛《はく》二十疋《ぴき》（疋は四丈を一疋とする織物の単位。わが国では反物二反にあたる）、衣服一重ねを、褒美として下賜《かし》し、そのうえ博士に任命したのです。そして一方、反逆とか謀叛とかいったことばを口にした者は、口にすべきではないことを軽々しく発言したとして、御史《ぎょし》に命じ処罰させたのでした。

通《とう》が宿舎に帰ってくると、皆が、「よくもあんな嘘を言われましたね」と責めます。すると通は、「ああいう嘘を言わないと、二世皇帝のきげんを損ねて私の身も危険だったのです。」そう言ってすぐに彼は秦を逃れました。

彼自身は、叛乱が「歯牙にかくるに足らず」（日本ではこれが今、一般的な言い方ですね）どころか、秦朝を根本から揺るがす大乱であることをよく知っていたのです。

こうして、陳勝・呉広によって口火が切られた大乱は、野火のように全国に広がってゆきます。沛《はい》からは劉邦《りゆうほう》（後の漢の高祖）が立ち、斉《せい》では、秦に亡ぼされた田《でん》氏の子孫・田儋《でんたん》が自立して斉王と称し、燕《えん》では将軍・韓広《かんこう》が自立して燕王となり、魏《ぎ》では、梁《りよう》の公子を迎えて自立しました。

これに対し秦ではあわてて、驪山陵《りざんりよう》で労働に従っていた犯罪者を何十万人と解放し、兵士にして対抗させましたが、もはや滅亡は時間の問題です。

こうして「打倒秦王朝」を旗印にふくれあがった軍勢も、やがては劉邦と項羽の両者だけにしぼられ、どちらが秦大帝国を滅亡させることになるか、これから手に汗を握るような舞台が展開されていくのです。

（史記）

四面楚歌《そか》

★孤立して援《たす》けがないこと。孤立無援。
★四方から非難されることのたとえ。

秦の始皇帝の行列を見た項羽《こうう》は、「彼取って代わるべきなり」と。つまり「きゃつの天下に取って代わるぞ。」叔父の項梁《こうりょう》があわてて口をおさえます。

項羽は、身のたけ八尺あまり、たいへんな怪力の持ち主で、かつて人を殺して逃げたこともあります。少年のころ、叔父・梁は項羽に書道を教えましたが、さっぱり身が入りません。剣を学びましたが、これまたさっぱりだめでした。そして、ほざきますに、

書ハ足ル三以テ記スニ二名姓ヲ一而《の》已《み》。——書は以《もっ》て名姓《めいせい》を記すに足るのみ。剣は

剣ハ一人ノ敵ノミ、不レ足レ学ブニ。学バン二万人ノ敵ヲ一。

〈『史記』項羽《こうう》本紀《ほんぎ》〉

一人《いちにん》の敵のみ、学ぶに足らず。万人の敵を学ばん。

［注］而已《じい》＝耳《じ》と同じ、のみ。限定、断定。

「文字は姓名が書ければ、それでたくさんだ。剣道はたった一人を敵とする術にすぎない。私は万人を相手とする兵法を学びたい」と。そこで梁は項羽に兵法を教えました。

さて、天下の状勢は、始皇帝の死後、暗愚な次子の胡亥が二世皇帝になり、もうその翌年には、陳勝・呉広の叛旗が翻り、叛乱は燎原《りょうげん》の火のごとく各地に広がっていったのでしたね。秦の天下統一は、わずか三代十五年にすぎませんでした。これももとはといえば始皇帝が李斯と趙高のような奸臣《かんしん》を重用していた結果なのですから、自業自得ですね。

そして、会稽郡の太守・殷通が、この叛乱に乗じようと梁を大将に招いた際、梁は項羽に命じて殷通を一刀のもとに斬殺して自分が代わって太守となり、兵八十人を得て、羽を副将軍に任命したのでした。項羽は、齢《よわい》二十四歳。このとき、居鄛《きよそう》の人で年七十、范増《はんぞう》という無双の軍師を得たのです。

さて一方、兵を挙げた劉邦（後の漢の高祖）は、反・秦軍の諸将士たちから「寛大の長者」として尊敬されていました。陳勝の旗あげとともに、彼も沛《はい》（江蘇《こうそ》省北部にある町）に兵を挙げ、旗さしものには赤色を用いました。これから、劉邦を沛公とも呼びます。そして沛公はいちはやく秦を平定し、

「法は三章のみ。人を殺す者は死せん。人を傷つけ、および盗《とう》するものは罪に抵《いた》さん。余《よ》は悉《ことごと》く秦の苛法《かほう》を除き去らん。」

と布告しました。ここから「法三章」という句は、今日に至るまで、簡潔な法律の理想を表わすことばとして用いられています。

秦の苛法に苦しんだ人民は大喜びです。

項羽は、秦攻略に一歩遅れたわけです。やっと着いた秦の守り、天下の函谷関《かんこくかん》の門は堅く沛公によって閉じられていました。

項羽は大いに怒り――『史記』を読みますと項羽の条には、「大いに怒り」が、しばしば用いられています。羽の性格がよくわかりますね――さっそく、函谷関を打ち

破り、劉邦を攻めようとします。羽の兵は四十万、百万と号しています。劉邦の兵は十万です。この勢いにのって劉邦を急襲しようというもくろみも相手に情報が洩れ、あわてて釈明に来た劉邦を「鴻門《こうもん》の会」（一三八頁参照）の席で殺害するという范増の謀略も、項羽の優柔不断から失敗に終わりました。

これから、漢（劉邦）・楚（項羽）の死闘が続きます。ある時、沛公は五十万の連合軍をひきいて、項羽の居城・彭城《ほうじょう》を攻め落としました。すると、斉《せい》に親征中であった項羽は、急遽反転して、三万の精兵のみで、睢水《すいすい》のほとりに、漢王・沛公ひきいる五十余万の大軍を攻めたのです。結果は項羽の大勝。死者二十万人、睢水は累々《るいるい》たる死屍のため流れが止まったほどでした。この時、沛公の父・太公と妻・呂后《りょこう》は、楚王・項羽の軍に捕えられました。

この後も二人の攻防は続きますが、けっきょくは、項羽は天下を二分し、鴻溝《こうこう》（滎《けい》陽《よう》のそばの大掘割）を境界にして、西方を沛公の漢、東を項羽の楚とすることで、和が成立したのです。

ですが沛公は張良・陳平《ちんぺい》の勧めにしたがい、心機一転、和を破って、項羽の軍を追撃しました。韓非子《かんぴし》（一八三頁参照）の言に「戦陣の間は詐偽を厭《いと》わず」とあります。

戦にあっては背に腹はかえられず、ペテンでもなんでもやります。これに韓信《かんしん》・彭越《ほうえつ》の軍も加わり、形勢逆転された項羽は、垓下《がいか》へと逃げこんだのですが、兵も少なく食糧も尽きてしまいました。羽は城壁の中にたてこもり、漢の軍は、いくえにもいくえにも取り囲み、蟻《あり》のはいでるすきもありません。夜、四方八方から漢の軍が楚の歌を歌っているのが聞こえてきました。これは攻め手の漢軍の中に、大量の楚の降伏兵がいるということです。ここから「四面楚歌」の有名な成語が生まれたわけです。

項羽は、「漢はもうみな楚の地を手に入れてしまったのか。なんと楚人の多いことだろう。」

さすがの項羽ももはやこれまでと覚悟して、帳《とばり》の中に入って、最後の惜別の宴を開きました。

愛妃の虞《ぐ》美人に今生見納めの舞を命じ、項羽は自らつくった歌を悲しみ歌い、涙ははらはらと幾すじも幾すじも流れました。「左右皆泣き、敢《あえ》て仰ぎ見るものなし」と『史記』の文は結んでいます。さて、その歌は、

力抜キレ山ヲ兮気蓋フレ世ヲ
時不レ利アラ兮騅不レ逝カ
騅ノ不ルレ逝カ兮可キニ奈何ス
虞ヤ兮虞ヤ兮奈レ若ヲ何セン
〈『史記』項羽本紀〉

力《ちから》山を抜《ぬ》き　気世《よ》を蓋《おお》ふ
時利《り》あらず　騅逝《すいゆ》かず
騅の逝かざる　奈何《いかん》すべき
虞《ぐ》や虞や　若《なんじ》を奈何せん

［注］兮＝韻文の句間、または句末に置いて口調を整える。訓読では読まない。奈何＝如何と同じ。手段・方法を問う。如ニ――何ヲセン（――をいかんせん）と意味は同じ。

「わが力は山を引き抜き、わが意気は天下を圧倒するほどであるが、時の運に恵まれず、愛馬騅も疲れて一歩も進もうとせず、もうどうすることもできない。虞美人よ、虞美人よ、おまえもここに至ってはどうしてやることもできない……。」

虞美人に暗に自決を求めているのです。項羽の血を吐くような無念の思いが、ジーンと伝わってきますね。ちなみにこの歌から「抜山蓋世《ばつざんがいせい》」（力強く、気力の雄大なこと）の成語が生まれました。そして虞美人を葬った地には可憐な花が咲いて、「虞美人草」

（日本ではひなげし）と名づけられました。夏目漱石が、朝日新聞社入社第一回の作品に自身で「虞美人草」と名づけ、これが一世を風靡したことはみなさんごぞんじですね。

さて、項羽は虞美人の死をみとどけ、八百余騎を従え、囲みを脱します。ですがその途中、大湿地帯にはまりこみ、東城に着いたときは、わずか二十八騎になっていました。烏江《うこう》の渡し場で、亭長（宿場の長）から、江東の地へ逃げて、他日を期すように勧められましたが（倦土重来《けんどじゅうらい》、一三七頁参照）、項羽はこれを断り、漢の軍勢と縦横無尽に戦い、わが首を刎《は》ねて（頸動脈を切断して）死んでいきました。時に項羽三十一歳。

こうして楚の地がすべて漢にくだりますと、劉邦は洛陽に諸侯を集めて大祝宴を開きました。そして漢の帝王、すなわち高祖となったのです。ときに紀元前二〇二年のことです。（史記）

狡兎《こうと》死して走狗《そうく》烹《に》らる

★敵国が亡ぶと、功臣は殺されるというたとえ。
★必要な時は使われ、不要になると捨てられること。

漢の大帝国の創始者、高祖・劉邦《りゅうほう》の天下統一に貢献した、漢の三傑といわれる人物がいます。蕭何《しょうか》・張良《ちょうりょう》・韓信《かんしん》の三人です。

韓信は、はじめ項羽に従っていましたが用いられず、次に高祖に仕えましたが、問題にもされません。このころは高祖の軍もいたるところで項羽に敗れて、将兵争って逃亡するありさまです。

韓信も高祖をみかぎって逃げ出します。すると、丞相《じょうしょう》・蕭何があわてて追いかけました。この時、高祖に「蕭何が逃亡しました」と告げた者がいます。すると高祖は、「左右の手を失うが如し。」それほど落胆したのです。

蕭何がもどってきますと高祖は、「きさまは逃げたのか。韓信を追いかけたというのは偽りであろう。これまでも諸将逃げる者は数知れず。だが、きさまは今まで誰一人として追いかけたことはないぞ。」

するとは、「韓信は、国に二人といない『国士無双《こくしむそう》』の人物です。彼に比べれば他の者はゴミみたいなものです。」

こうして韓信は、の推挙で大将軍に任命されます。そして高祖が彭城《ほうじょう》の戦いで大敗し、諸侯が高祖を見限ってぞくぞくと項羽に従ったとき、韓信は別動隊で魏《ぎ》・趙《ちょう》・斉《せい》を討伐し、項羽が斉の救援軍として派遣した竜且《りゅうしょ》二十万の大軍を殲滅《せんめつ》しました。これで楚と漢の勢力は逆転したのです。韓信がいなければ漢の天下統一は不可能だったといえるほどのはたらきです。

高祖も、「百万の軍を連ね、戦えば必ず勝ち、攻むれば必ず取るは、吾《われ》韓信に如《し》かず」と称賛しました。

さて韓信は、かつて項羽のもとにいた名将・鍾離眛《しょうりばつ》をかくまっていました。鍾は高祖の軍を苦しめた関係で、高祖の憎しみの的になっていたのです。この点をついて、「韓信には謀叛の疑いがある」と密告した者がいます。

おりしも高祖が、「自分は雲夢《うんぼう》に遊ぼうと思っているから集合せよ」と命じました。

韓信が拝謁《はいえつ》しますと、うむを言わせず捕縛されたのです。彼は驚いて、

狡兎死《シテ》、走狗烹《ニラレ》、高鳥尽《キテ》、良弓蔵《セラレ》、敵国破《レテ》、謀臣亡《ブ》。天下已《ニ》定《マル》。我固《もとヨリ》当《ニ》《シ》烹《ラル》。〈『史記』淮陰侯列伝《わいいんこう》〉

狡兎《こうと》死して、走狗《そうく》烹《に》られ、高鳥《こうちょう》尽《つ》きて、良弓蔵《ぞう》せられ、敵国破れて、謀臣《ぼうしん》亡《ほろ》ぶ。天下已《すで》に定まる。我固《もと》より当《まさ》に烹《に》らるべし。

［注］当《ニ》《ベシ》＝再読文字。当然――するはずだ。きっと――であろう。

「すばしこい兎が死ぬと、猟犬は必要がないので煮られて食われ、高く飛ぶ鳥がいなくなると、弓は倉庫にしまわれる。敵国が亡びると、謀《はかりごと》を立てて尽くした臣も殺される。以上の昔の諺《ことわざ》どおり、天下が平定したので、私が煮殺されるのは当然だろう。」

高祖は、韓信の命は許しましたが、楚王の地位を奪い、改めて淮陰県に封じて淮陰侯としました。王から大名へ、たいへんな格下げですね。

こうして一度は無事に命の危機をのりこえた韓信ですが、ついにはそのままではすまないことになります。

代国《だい》（山西省の北部）の家老・陳豨《ちんき》が乱を起こした際、韓信がその陳豨と結んで謀叛を計画していると訴えられたのです。こうして韓信は、罠にかかって殺されました。

このように高祖は、建国の大功臣・韓信を惜しげもなく殺し、韓信と同功一体の人である黥布《げいふ》・彭越《ほうえつ》も殺され、北方の辺境を守っていた陳豨も殺されました。漢の建国の有力人物は、ほとんど終わりをまっとうしなかったのです。後漢の光武帝が功臣の老後をみな幸福に送らせたのと、雲泥の差がありますね。張良も蕭何も常に危機一髪の状態にありましたが、この二人はなんとか難を逃れました。特に張良は、晩年、病といって世間の雑事いっさいをことわり、穀物を食べず仙人修行に励むというみごとな変身ぶりを示したのです。

「狡兎死して走狗烹らる」は、今でも中国人の処世の戒めとして生きています。「役に立つ間はこき使われ、用がなくなれば捨てられる」――そう知って、常に対応策を考えることです（たとえば「狡兎三窟」二五五頁参照）。これはリストラなどにもあてはまりますね。また一方で、「功成《こうな》り名遂《なと》げて身退《みしりぞ》くは天の道なり」（『老子』）の句も味わってほしいものです。

ニッコロ・マキャベリの『君主論』には次のように述べられています。

「君主は家臣の名声を喜ばない。」

「君主というものは、愛されるべきか、恐れられるべきか。二者択一となれば、愛されるよりも恐れられるほうがよく、またそのほうが安全である。」

（史記）

羽《う》翼《よく》已《すで》に成る

★補佐をする者がもう従いついている。一人前にちゃんと成長している。
★事がすでにできあがっている。

漢の高祖（劉邦《りゅうほう》）は、皇后・呂后《りょこう》の子・孝恵《こうけい》がたいへん柔弱で、さっぱり性格が自分に似ていないのが気に入りません。加えて高祖は戦陣にあることが多いために、呂后にも孝恵にも会うことが少なくて、だんだん疎遠になり、また呂后は太公《たいこう》（高祖の父）とともに宿敵項羽に捕えられ、捕虜になっていたこともあって、ますますうとんじられていました。

ところが一方、高祖は、山東省の定陶《ていとう》県で戚姫《せきき》という美人を得てたいへん寵愛し、如意《にょい》という子をもうけたのです。戚姫は高祖と常に戦陣をともにして、呂后の子を廃して自分の子・如意を皇太子にするようにと、昼も夜も、高祖に涙を流して頼みました。

片方の呂后は年をとり、常に留守を守ってほとんど会うこともないものですから、高祖は若い戚姫の甘い涙によって、ついに、呂后の子・孝恵の皇太子の地位を廃し、戚姫の子・如意を皇太子に立てることを決心したのです。

ヨーロッパの諺《ことわざ》に「男は天下を動かし、女はその男を動かす」(A man excites the world, but a woman excites the man.) とありますが、それを思い出しますね。

こうして漢の六年、高祖は正式に孝恵の皇太子を廃し、如意を皇太子にしようとしましたが、大臣はそろって反対し、これを諫《いさ》めました。が、高祖は絶対に聞き入れようとしません。

そこである知恵者が呂后に教えたのです。「留侯《りゅうこう》・張良《ちょうりょう》に相談なさい。彼ははかりごとが巧みで高祖の信頼もあついから。」

張良は漢の三傑の一人で、漢建国の大功臣です。高祖も、「さまざまにはかりごとをめぐらして、千里も離れた場所から勝利を決定することでは、私は彼にかなわない」と、張良を賞賛していました。

すぐに呂后は、呂沢《りょたく》を張良のところにやって、ねんごろに頼みました。さて、張良の秘策とは——

「陛下といえども宮中に招くことのできない四人の賢者がおられます。商山《しようざん》の四皓《しこう》といわれるお方で、東園公《とうえんこう》・綺里季《きりき》・夏黄公《かこうこう》・甪里《ろくり》先生の四人の賢者です。このかたがたは陛下を傲慢となして山中奥深くかくれて、漢の臣となりません。陛下はこの四賢者をたいへん尊敬して常に臣とすることを望んでおられます。

そこで弁舌の士に金銀をじゅうぶんに持たせ、皇太子には丁重な書簡をしたためさせ、ゆったり坐ることができる車を用意し、謙虚にお願いなされば、きっと招きに応じるでしょう。四賢者が宮中に参上されたら、皇太子の補佐役として陛下に拝謁させれば、陛下は驚かれて考えがお変わりになりましょう。」

おりしも漢の十一年、淮南《わいなん》王・黥布《げいふ》が漢に背きました。この時、高祖は病のために、皇太子を大将軍として黥布討伐に向かわせようとしました。呂后から皇太子について相談を受けた四賢者は、「皇太子を黥布討伐の猛将軍たちの上において統率させるのは、羊を狼の大将にするのと同じです。陛下みずから軽車に臥したままでもよいから指揮されることをお願いください」とアドバイスをしました。これを受けた呂后のせつなる願いで、高祖はなるほどと承知して自ら親征を決意しました。

この時です。四賢者は太子につきそって宮中に参上しました。四人ともひげも頭髪も真っ白で、あたかも仙人のようです。四人の名を聞くと高祖は、驚きかつあきれて、ぼうぜんとなりました。そして四賢者の諫《いさ》めをいれて、「皇太子の廃位はない」とはっきり誓ったのです。

高祖は戚《せき》夫人を招き、去りゆく四賢人を指さして言いました。「私は太子を廃しようと望んだが、あれを見よ、あの四賢者が太子を補佐している。太子にはもう羽も翼もできあがってしまった、どうにもしようがない。どうかあきらめておくれ。」

我欲スルモレ易ヘントレ之ヲ、彼ノ四人輔《たす》クレ之ヲ、羽翼已ニ成リ、難シレ動カシ矣。
〈『史記』留侯世家《りゅうこうせいか》〉

我之《これ》を易《か》へんと欲するも、彼《か》の四人之《これ》を輔《たす》く、羽翼《うよく》已《すで》に成り、動かし難《がた》し。

［注］矣＝完了を表わす。読まない。

戚夫人は涙を流して悲しみました。自分の行くさきざきのことを思って。そしてその心配は現実になります。

高祖は漢の十二年（紀元前一九五年）四月、長楽宮殿で崩御し、皇太子が即位しました。恵帝《けいてい》といいます。自分の子が皇帝となって、もう恐ろしいものはありません。呂后のいままでの怨念が爆発しました。趙《ちょう》王となっていた戚夫人の子・如意は、猛毒を持った鴆《ちん》の羽を浸した酒を飲ませて殺しました。

戚夫人自身は、地下牢で髪の毛を剃られ、顔には焼きごてを当てられました。罪を犯した囚人だからです。さらに呂后は自ら戚夫人の両手・両脚を切断し、目を抉《えぐ》りとり、耳には焼け火ばしを突きさし、薬を飲ませてのどをつぶします。そして声にならない声で号泣するのをかるがると抱いて、プール状になっている廁《かわや》に投げこみます。「人間豚じゃ、人間豚じゃ」と呂后はおおはしゃぎです。汚物の中で白い肉がのたうちまわっています。二世皇帝はそれがかつての艶麗《えんれい》無比の戚夫人と知って気を失い、その後は政務をとらず酒色にふけった、と『史記』に記されています。

谷崎潤一郎も「過酸化マンガン水の夢」というタイトルで、呂后をシモーヌ・シニョレの映画、『悪魔のような女』とだぶらせて、おもしろいエッセイを仕上げています。

私が青春時代に漢文を講義した旧制奉天《ほうてん》第一中学校の校歌にも「起《た》て起て男児、健男児、羽翼はなれり雄飛せよ、五州の民にさきがけて、雄《お》叫《たけ》び高く叫ばずや」（内堀維文作詞）とありました。

（史記）

人生意気に感ず

★人として自分と意気投合する人のために身命をささげる。

このことばは、唐朝開国の元勲、魏徴《ぎちょう》作の詩「述懐《じゅっかい》」の結尾の句で、「人生意気に感ず、功名誰《こうみょうたれ》かまた論ぜん」とあるところからきています。

魏徴が仕えた唐の太宗《たいそう》は、中国史上まれにみる英主で、父・高祖の統一の大業を助けて、漢民族が形づくった最大にして最高の国家を出現させました。そして「朕《ちん》はまさに至誠を以《もっ》て天下を治めん」と誓い、「路遺《みちい》を拾はず、商旅野宿す」という名政治を行ないました。これは、「民の生活も楽になって、路に落ちたものがあっても拾う者もいないし、旅する商人も、盗賊がいないので安心して野宿できる」という意味で、世に「貞観《じょうがん》の治《ち》」といわれます。

ある日、この太宗が侍臣に、「西域《さいいき》地方の蛮人《ばんじん》は、値打ちのある美珠《びしゅ》を入手すると盗難を恐れて身体《からだ》の肉を切りさいて珠《たま》を隠すと聞いているが、それは真実か」とたずねました。侍臣は「本当でございます」と。

帝は言います。「役人が賄賂《わいろ》を取って処罰され、帝王が欲望に身をまかせて国を亡ぼすのと、その蛮人の愚かな行為と、なんの違いもないぞ。」

すると魏徴が、「昔、魯《ろ》の哀《あい》公が孔子に、『ひっこしの時にその妻を連れていくのを忘れた人がありました』と言うと、孔子が、『いやそれよりもっとひどい人がいます。夏《か》の桀《けつ》王、殷《いん》の紂《ちゅう》王は、妻どころか我が身を忘れて欲望にふけり、国を亡ぼしました』と申しあげたということですが、陛下のお話とまったく同じことであります。」

また魏徴は、帝にこうも言いました。

「私を良臣となるようにしていただきたい、忠臣とならないようにしてください。」

「良臣と忠臣とは、どう違うのか。」

「良臣というのは、君臣が心をあわせて国をりっぱに治め、みな位が尊くなり、家は栄えるという幸福に恵まれる家臣で、これが良臣でございます。一方、忠臣とは、国王の悪い点を遠慮せず諫《いさ》めたために、自分自身は殺され、国は亡びてしまうはめになる、これが忠臣でございます。」

帝はこれを聞いて心からよろこばれました。

また、かつて太宗は魏徴に問いました。「明君と暗君とはどういう違いがあるのか。」

魏徴の答えはこうです。「多くの人々の意見をよく聞く『兼聴《けんちょう》』、これが明君でございます。ただ一人の言うことだけ聞いて信用するのは『偏信《へんしん》』です。明君は兼聴、暗君は偏信でございます。」

貞観《じょうがん》十七年(紀元六四三年)に魏徴は亡くなりました。この時、帝は、

「銅を磨いて鏡とすれば、乱れた衣冠《いかん》を正すことができる。古《いにしえ》を鏡とすれば、世の興亡がわかる。人を鏡とすれば、己《おのれ》の善悪がわかる。自分は一つの鏡をなくしてしまった。」

と言ったということです。

またのちに、高句麗《こうくり》遠征に失敗した際も、「魏徴が生きていたならば、きっと自分を諫めてこの遠征をさせなかったであろう」と嘆かれたそうです。

魏徴は皇帝の師であって、帝でさえ一目も二目も置く人物でありますが、その住まいは表座敷もない質素なせまい家で、ぜったいに他人がつけいるような隙はつくりま

せんでした。皇帝を諫めることのできる、唐大帝国にただ一人の人物ですから。

以上に述べたことは『貞観政要《じょうがんせいよう》』十巻四十編、唐の呉兢《ごきょう》（六七〇―七四九）の著によりました。唐の太宗とその臣下との政治上の問答を集めた書物です。

これは帝王学の書物として、中国歴代の皇帝はもちろん、わが国の天皇にも進講されました。特に愛読したのは、源頼朝《みなもとのよりとも》の妻・北条政子《ほうじょうまさこ》と徳川家康の二人です。政子は菅原為長《すがわらためなが》に命じて和訳本『仮名《かな》貞観政要』を普及させ、家康は藤原惺窩《ふじわらせいか》に講義をさせています。その後もさらにこれを覆刻（出版）し、帝王学の書として藩主たちも争って熟読しました。

それでは、「人生意気に感ず」――魏徴の詩を味わってみましょう。

中原還逐レ鹿　投レ筆事二戎軒一
縦横計不レ就　慷慨志猶存
（中略）
豈不レ憚二艱険一　深懐二国士恩一
季布無二二諾一　侯嬴重二一言一

中原《ちゅうげん》還《また》鹿を逐《お》ふ　筆を投じて戎軒《じゅうけん》を事《こと》とす
縦横　計《はかりごと》就《な》らざれども　慷慨《こうがい》　志《こころざし》　猶《な》ほ存す
豈《あに》艱険《かんけん》を憚《はばか》らざらんや　深く国士《こくし》の恩を懐《おも》ふ
季布《きふ》二諾《だく》無く　侯嬴《こうえい》一言《いちげん》を重《おも》んず

人生感㆓意気㆒　功名誰復論

人生意気に感ず　功名誰か復《ま》た論ぜん

この五言二十句の詩は、『唐詩選』の開巻第一に置かれています。これをつくった時の魏徴は、唐に仕えたばかりでまだ無名の人物。しかしすでに四十歳を越えていました。山東地帯の強敵を説得するため潼関《どうかん》を出た時の作品で、自分の勇躍の心意気を示したものです。最初の「中原鹿を逐う」は、各地の英雄が帝位を求めて競いあうさま。中国大陸を縦横に駆け抜けて中原に覇を立てんとする、唐朝開国の気風がぞんぶんに表われた詩です。

最後の三行、「豈艱険を憚らざらんや」から「功名誰か復た論ぜん」までは、帝、つまり唐の太宗のために身を捨てて働こう、との気概を示したもので、

「帝の深い恩を思えばどんな困難もいといはしない。季布《きふ》はひとたび引き受けたら、けっしてそのことばをたがえず、侯嬴《こうえい》は一言の約束を重んじたという。人間は自分を知る人の恩に感じて、自分さえも犠牲にする。功名なんか誰も問題にしない。」

というような意味になります。つまり魏徴が「人生意気に感じ」ていたのは、名君太宗というわけですね。

時代はさかのぼりますが、やはり名君として知られた光武帝《こうぶ》に、こんなエピソードがあります。

民衆に推されて帝位に就いた（紀元二五年）劉秀《りゅうしゅう》は、のちの光武帝です。彼は赤眉《せきび》の賊を平定し、河北に巣くう銅馬《どうま》の賊を破りましたが、部下は降服した賊を信用しないし、降服部隊もたいへんな動揺です。ところが光武帝は、部下に命令してそれぞれ陣営に帰らせ、自分は軽快な馬に乗ってなんの武装もせず、ゆったりと降服部隊を巡視したのです。

降服兵は互いに話しあって、「赤心《せきしん》を推して、人の腹中に置く。」――「この帝は人を深く信じて真心を尽くす人だ、彼のためには死力を尽くすぞ」と。光武帝のこの行動によって、降服部隊の動揺はピタリとおさまりました。

これも「人生意気に感ず」ですね。そう思わせる人物に多く出会いたいものです。

女性

西施ノ顰ミニ效フ

余《よ》桃《とう》の罪

★愛情が冷めて、かつては愛し褒められたことが原因となって、罪になること。
★愛憎の変化の甚だしいことをたとえる。

戦国時代、衛《えい》の国に仕えた美少年、弥子瑕《びしか》は、たいへんな美貌の持ち主で、衛君から手厚い寵愛を受けて、しあわせそのものです。

ところがあるとき突然、弥子瑕の母が病にかかったとひそかに知らせがありました。瑕は急いで、なんの断りもなく衛君の車に乗って見舞いに出かけました。これはたいへんなことです。衛の法によりますと、王の車の無断使用は「刖《げつ》」の罪と定まっているのです。

「刖」罪とはどんな罪でしょうか。「刂」はりっとうといって刀と同じです。「月」は三日月を表わし、まるくえぐったように、中が欠けていく月のことです。そこから「刖」とは、単に足切りの刑、または踵《かかと》の骨の上についているすじ「アキレス腱《けん》」をえぐりとる刑罰です。刂がつく刑罰には、劓《び》（はなきる）、刵《じ》（みみきる）、剄《けい》（くびきる）刋《さく》（えぐる）、刺《し》（さす）、剖《ほう》（さく）、刻（きざむ）、剝《はく》（はぐ）等々あります。

こうした残酷さは、近代に至るまで中国の中に生きていました。私が奉天城内のバスの停留所でバスを待っていた時のことです。下から物乞いの声をかけられ、てっきり子どもの乞食と思って見おろすと、両手両脚を切断された太った男が口にアルミ皿をくわえ、銭をくれという仕種です。バラバラと小銭を入れると、トントンと跳びながら街路樹の陰に消えました。聞いてみると、リンチでやられたとのことでした。

さて衛君は、こうした恐ろしい刑罰の対象になるはずの、自分の車を無断で使用した弥子に対して、「弥子は親孝行だなあ。恐ろしい刖罪をものともしないで、母の見舞いに駆けつけるとは」と感動そのものです。

またそれから衛君は、弥子と果樹園に出かけました。弥子は桃の実をもいで、一口食べてあまりにも美味しかったので、思わずその食べかけの桃を衛君にすすめました。するとと衛君は、「弥子は私を心から愛しているなあ、自分の口の甘《うま》さを忘れて私に食べさせてくれようとは」と大感激です。

原文では「異日、君と果園に遊ぶ。桃を食《くら》ひて甘《うま》しとし、尽くさずして其の半ばを以《もっ》て君に啗《くら》はしむ。君曰《いわ》く、『我を愛するかな。其の口味を忘れて以て寡人《かじん》に啗はしむ』」となっています。寡人とは、徳の寡《すくな》い人の意で王侯の自称・謙称です。

この光景が私の目の前にありありと浮かんできます。弥子は白魚のような白い細い指で、「王様、美味しいよ、口をあけて、ホラッ」と食べかけを口に入れたのでしょう。

ほんとうに蜜のような甘い月日が流れたのです。

しかし、げに花の命は短くて、というように弥子《びし》の容貌が衰えてきました。特に男ですから、美しく透明感のある「少年」でいられる時間は短いのです。王はその美しさを愛したので、それがなくなれば何の値打ちもありません。見るのも嫌になるものです。

ある日、ついに王の癇癪《かんしゃく》が爆発しました。「おまえはけしからん奴じゃ、よくも余の車に無断で乗りおったな。さらに桃の食いかけを余に食わせたな。無礼者めが、処刑せよ。」

いやはや驚きました。前にほめられ感謝されたことが、逆に罪を得ようとは。これはべつに弥子の行動が変化したのではありません。王の愛憎が変わっただけです。人の心には一定不変なんてありません。親でも夫婦でも友人でも恋人でも、心は変わるものです。ゆれ動くものです。ことに、相手の食べかけを食べる、なんていうのは、アツアツの恋人時代にはそれ自体が喜びですが、そのうち相手が鼻についてくると、それこそ箸《はし》の上げ下ろしまで嫌になるもの。「あの人の、物を食べてるようすがイヤなの。」食べかけどころか相手の服まで箸でつまんで……、ということにもなってきます。

この話は『韓非子《かんぴし》』に載っていますが、韓非子はここで、常に相手を観察・研究して何か変化があれば、わずかのことでもすばやくキャッチして対処せよ、遅れると弥《び》子瑕《しか》のようになるぞ、と教えたのでしょう。

及《ビ》弥子色衰《ヘ》、愛弛《ムニ》、得《タリ》罪《ヲ》於君《ニ》。君曰《ク》、「是《レ》固《もとヨリ》嘗《テ》矯《リテ》駕《スニ》吾《ガ》車《ニ》。又嘗《テ》啗《ハスニ》我《ニ》以《テセリト》余桃《ヲ》。」

〈『韓非子』説難《ぜいなん》〉

弥子《びし》色衰《いろおとろ》へ、愛弛《あいゆる》むに及《およ》び、罪を君に得たり。君曰く、「是《こ》れ固《もと》より嘗《かつ》て矯《いつわ》りて吾が車に駕《が》す。又嘗て我に啗《くら》はすに余《よ》桃《とう》を以《もっ》てせり」と。

［注］於は前置詞で、(1)場所・人・時間を

私は講義中、もしもみなさんが弥子瑕の立場に立って、衛君の寵愛が衰え、愛情が薄くなったとさとったとしたら、その処置はどうしますか、とたずねます。するとあんがい簡単に「ニゲマース」なんて答えが返ってきます。「逃げるということは、悪いことをしたということになりますよ。すぐ追っ手がかかりますよ。サァどうする?」

読者のみなさんのお答えは?

「余桃の罪をも恐れず、ただ栄華の恩にぞ誇りける。」(『平治《へいじ》物語』)

表わす。送りがなはニ。(2)動作の目的や対象を表わす。送りがなはヲ。(3)動作の起点。ヨリ。(4)比較。ヨリ。(5)受身。ル・ラル。

妬《ねた》むは其《そ》の情なり

★嫉妬は自然の感情である。
★嫉妬が生んだ知恵、または執念をあらわすことば。

魏《ぎ》王が楚《そ》の懐《かい》王に美人を贈りました。懐王はたいへんな喜びようです。ところが愛《あい》妾《しょう》の鄭袖《ていしゆう》も、意地悪するどころか、魏から贈られたこの新人をなにくれとなく世話をやいて、好みの衣服や装飾品――イヤリング、ネックレス、ブレスレット、ペンダント等々、それから住居の室、家具、ベッド……まあ、姉様《あねさま》気どりとでもいうんでしょうか、王がこの新人を愛する以上に、それはそれはこの新人をかわいがったのです。

だいたい妾《めかけ》どうしというのは王の寵愛を争い、罵《のの》りあって大騒ぎになるのが落ちと決まっているのです。それなのに、鄭袖の新人に対するこの愛情はいったいどうなっているのでしょう。とにかく魏王は大満足です。そして王は、「女は夫に女色でサービスをするもの。嫉妬するのがあたりまえだ。それが私が新人を愛してもまったく妬《ねた》みがない。私以上にかわいがってくれている。これは孝行息子が親に仕え、臣が主君に忠を尽くすようなものだ」と。

さて、鄭袖はある日、新人を招いて密室でひそひそ話をします。

「王様はあなたにゾッコンよ。美人ていいものネ。あなたのどこもかしこも好きなのよ。……ただ一つだけ、それもチョッピリだけど、鼻のかっこうがお気に召さないようよ。だから王のお傍にいるときは、そっと鼻に手を当てて隠したほうがいいわよ。」

新人はその心づかいに感謝しました。

そんなこんなのやりとりがあった後、王がとつぜん鄭袖の室に来て尋ねました。

「あの新人は、私の傍へくると必ず鼻を隠すがどういうわけか。」

「どうもそれは……」

「言え。何を隠しているのか、言え。」

「それがどうも……。では申し上げます。新人はここに参ったときから、王の身体《からだ》が臭くて、いつも鼻をおさえて我慢していると申しておりました。」

王はカッとなって、「よし、臭くないようにしてやるぞ、無礼者め、劓《はなきり》にせい。」

こうして彼女は鼻をそぎおとされて、奴隷として死ぬまで一生重労働をするのです。

鄭袖のほくそ笑みが目に浮かぶようですね。

「女は非常に完成した悪魔である」というユーゴーのことばがあります。嫉妬が生んだ知恵、心理作戦とでもいいましょうか。みごとな仕上がりですね。なんだか名人が練りに練って細工物を仕上げるのにも似ています。

王謂鄭袖曰、「夫新人見寡人、則掩《おおフハ》其鼻何也。」鄭袖曰「妾知。」王曰「雖悪必言之。」鄭袖曰「其似悪聞君王之臭也。」王曰「悍《かんナルかな》哉。令劓之。」

〈『戦国策』〉

王鄭袖《ていしゅう》に謂《い》ひて曰《いわ》く、「夫《そ》れ新人寡人《かじん》に見《まみ》ゆるに、則《すなわ》ち其《そ》の鼻を掩《おお》ふは何ぞや」と。鄭袖曰く「妾《しょう》知れり」と。王曰く「悪《あ》しと雖《いえど》も必ず之を言へ」と。鄭袖曰く「其れ君王の臭《におい》を聞くを悪《にく》むに似たり」と。王曰く「悍《かん》なるかな。之を劓《はなき》らしめん」と。

［注］**何也**《ソや》＝疑問。似レ悪＝嫌っているようだ。悍＝荒々しい。無礼。**令**《ム》＝使役。……を――させる。

中国では、嫉妬することを「吃醋《チーツウ》」といいます。「吃」は飲む、「醋」は酢のことです。酢を飲むことがやきもちをやくとはどういうことでしょう。

宋の文豪蘇軾《そしょく》（号は東坡《とうば》）は、友人、陳季常《ちんきじょう》の妻・柳氏《りゅうし》が、嫉妬深くて夫に対し獅子の吼《ほ》えるようにどなるのを聞いて、一詩呈上しました。

竜丘居士亦可レ憐
談レ空説レ有夜不レ眠
忽聞河東獅子吼
拄杖落レ手心忙然

竜丘居士《りゅうきゅうこじ》亦《また》憐れむべし
空《くう》を談じ有《う》を説き夜眠らず
忽《たちま》ち聞く河東《かとう》の獅子吼《ししく》
拄杖《しゅじょう》手より落ち心忙然《ぼうぜん》

竜丘居士は陳氏《ちんし》の禅号《ぜんごう》。河東は黄河以東の土地のことで、陳氏の妻は河東出身でした。つまり、「参禅して、仏についておおいに談じているときに、突如として獅子の吼えるような細君の声を聞くと、ハタと杖を落としてぼうぜんとする」ということです。

これから「河東の獅子吼」とは、人の妻がきわめて嫉妬深いことに用います。その獅子、つまりライオンは一日に、酢と酪《らく》（牛・羊の乳を発酵させた飲料）をたくさん飲むそうです。それから「吃醋」ということばが生まれたといわれます。

蘇軾の友人の陳さんも好色家のようで、常にビクビクしていたようです。

もう一つ例をあげましょう。

明《みん》の将軍・常遇春《じょうぐうしゅん》は、元軍を破って戦功をしばしばたて、明の太祖から鄂《がく》国公の名を頂いた、明朝建国の大忠臣です。ところが子どもが生まれないんです。妾《めかけ》を入れようとしますが、夫人がたいへんな吃醋でどうしようもありません。ところが、さすが皇帝陛下ですね。功臣にあとつぎがないのを心配なさって、宮中の女官二人をお下げ渡しになったのです。将軍は天にも昇る心持ちです。しかし夫人は夫を、この二名の「解語の花」（人語を解する花の意味で、美人のこと）に絶対に近づけません。そんなある日、将軍は、その一人の手を見て、思わず「きれいな手だなあ」とつぶやいたのです。すると翌日、将軍が宮中から帰ってきますと、二本の手が銀盆の上にのせられ、それを侍女が捧げもってきました。妬婦《とふ》もここまでくるとは。将軍もあまりのことに声を失いました。

次の日、宮中に参内し、皇帝陛下にあいさつする時も、しどろもどろのていたらくです。不審に思った陛下から理由を尋ねられ、将軍は隠しようもなく昨日のことを申し上げました。

そして後日、宮中に参内しますと、皇帝の侍臣が銀盆を持ってきました。その上には女の両手が置いてあります。ブレスレットは、まちがいなく将軍夫人のものでした。

Love is strong as death, jealousy is as cruel as the grave.（愛は死と同じほど強く、嫉妬は墓と同じほど無慈悲である。）

（戦国策）

覆水盆《ふくすいぼん》に返らず

★いったん離別した妻は、復縁することはできない。
★とりかえしのつかないことにたとえる。

中国に「馬前撥水《マーチエンポーシュイ》」という劇があります。漢の時代、蘇州《そしゅう》に朱買臣《しゅばいしん》という真面目一方の読書人が、寸暇を惜しんで学問に励んでいました。

ところが彼の奥さまは生粋の蘇州美人。蘇州は、「天に天堂あり、地に蘇・杭《こう》あり。」つまり天に極楽浄土があるように、地には蘇州・杭州の楽園《パラダイス》がある、とまでいわれるくらい華やかなところです。また、水の都、美人の都として天下に有名なところでもあります。

そんななかで真面目一方の夫と暮らしていた朱さんの奥さんは、貧乏生活がつくづく嫌になって、私のような美人ならどんな栄耀栄華でもできるのにと、しゃにむに離婚を迫ったのです。

朱さんは、「俺は絶対に出世するから、せめて五十になるまで待ってくれ」とこんこんと説得しましたが、妻の耳には馬耳東風です。ついに涙ながらに離縁状を渡しました。

朱買臣家貧《ナリ》。負《ヒ》レ薪《ヲ》読《ム》レ
書《ヲ》。其《ノ》妻求《ム》レ去《ランコトヲ》。買臣曰《ク》
「吾至《ラバ》二五十《ニ》一、必《ズ》富貴《トナラント》。」
妻曰《ク》、「従《ヘバ》レ君《ニ》終《ニ》餓死《セント》。」竟《ツイニ》
去《ル》。

〈『後漢書』通俗篇〉

朱買臣《しゅばいしん》家貧なり。薪《たきぎ》を負ひ書を読む。其の妻去らんことを求む。買臣曰《いわ》く、「吾《われ》五十に至らば、必ず富貴とならん」と。妻曰く、「君に従へば終《つい》に餓死せん」と。竟《つい》に去る。

妻の捨て台詞《ぜりふ》、「おまえさんの言う通りにしたら、お飯《まんま》の食いあげだい」となかなか痛烈ですね。

朱はその後、京に赴《おもむ》いて官吏登用試験にも合格して、数年後、会稽《かいけい》郡太守《たいしゅ》に任命されました。みなさんごぞんじですか。中国では郡の中にいくつもの県があって、それを郡太守が統括・監督するという、たいしたお役目です。朱は妻に言った通り、みごとに出世したわけです。

そんなある日、朱太守の行列が美々しく飾り立てて、蘇州の大通りを通りましたところ、黒山のような見物人を押し分け、突き抜け、なんと一人の女乞食が、頭を地面に叩きつけ、号泣しながら何かを訴えたのです。

朱はすぐにその意をさとって、家臣に命じて器《うつわ》いっぱいに水を入れさせて、その女乞食の目の前で、水を地面にこぼしました。そしてひややかに、

「水をもとにもどせ」

と乞食に命じたのです。水はどんどん地に染みこんでいきます。水をすくうなんて、とてもできません。朱太守は、厳しく、「覆水盆に返らず、汝《なんじ》の復縁も不可じゃ」と一喝します。女乞食は、ワッと泣き出すしまつです。

妻再ヨ拝シテ馬前ニ一求ムレ合ヲ。買臣取リテ二盆水ヲ一覆シレ地ニ、示ス下不ルレ

妻馬前に再拝して合《ごう》を求む。買臣盆水《ぼんすい》を取りて地に覆《くつがえ》し、更《さら》に収《おさ》むる能《あた》はざるの意を示す。

能ハ二更ニ收ムル一之意ヲ上。〈『後漢書』通俗篇〉

＊レ・一・二をつけた句を間にはさんで返るときに「上・下」「上・中・下」を用いる。

「覆水盆に返らず」というのは、ここから来ています。外国の諺《ことわざ》にも It is no use crying over spilt milk.（牛乳をこぼしてから泣いてもなんにもならない）とありますね。

さて劇では、朱は悠々と音楽にあわせて行列を進めます。満場の見物人は「好《ハオ》、好《ハオ》啊《ア》」の連発で、拍手喝采。それを背に浴びて御退場です。常日ごろ奥さんに頭の上がらない連中の、せめてもの憂さ晴らしです。

さて、女乞食はついに水に身を投げて死んでしまいます。自業自得でもありますが、時の運に見放されて、怪しげな鬼神の手に弄《もてあそ》ばれた哀れな女ともいえます。これを中国語で、「運《ユイン》敗《パイ》時《シー》衰《シオアイ》鬼《コエイ》弄《ヌオン》」（運敗れ、時衰《おとろ》え、鬼弄ぶ）といいます。

世間とは冷たいものです。この女乞食が身投げしたところを「死亭湾」と名づけ、今では観光名所となっています。また「朱太守読書台」というところもあって、同じく名所になっています。

現代中国の諺に次のようなものがあります。

捨不得嬌妻、做不得好漢。

「チャーミングな女房を（人のため、自分のため）捨てることができなければ、好漢にはなれない。」

これはいま言ったら女の人からいっせいに反発をかいそうですね。「女房も大事にできない男に天下国家が語れるか」ってね。ですが、皇帝が美人の女房に迷ったために民衆が苦しんだ、というのもまた中国の歴史なのですよ。

西施《せいし》の顰《ひそ》み／顰卑《ひそみ》に効《なら》ふ

★人まねをして失敗すること。むやみにまねをすること。

西施とは、春秋時代の越《えつ》の美人です。その美人が胸を痛め、顔をしかめていたのが、なんともいいようのない美しい風情で、それを村の醜い女がうっとりと見とれて、自分も家に帰ると西施と同じように胸に手をあてて顔をしかめて村人に見せました。すると村の金持ちは門を閉じて外に出ませんし、貧しい村人は妻子ともども逃げ出したということです。

西施病ミテレ心《むね》ヲ而矉ス二其ノ里ニ一、
其ノ里之醜人見テ而美トシレ

西施心《むね》を病みて其の里に矉《ひん》す、其の里の醜人《しゅうじん》見て之《これ》を美とし、帰りて亦心《またむね》を捧《ほう》じて其の里に矉《ひん》す。其の里の富人之を見、

之、帰亦《また》捧心而矉其里。其里之富人見之、堅閉門而不出。貧人見之、挈妻子而去之走。〈『荘子』〉

堅《かた》く門を閉じて出《い》でず。貧人之を見、妻子を挈《ひっさ》げて之を去りて走る。
［注］矉す＝顔をしかめる。

「西施の顰み」というのはここからきていますが、顰みにならってみんなに逃げ出されてしまった女とちがって、西施の容貌を見たい者には、銭一文ずつ取って見せたということです。

もともと西施という人は、越《えつ》王勾践《こうせん》が隣国の呉《ご》王夫差《ふさ》と戦って敗れた際、越王が、軍師の范蠡《はんれい》と謀って、西施と鄭旦《ていたん》の二美人を呉王に献上したものです。越王はまた、呉の宮殿造営のため、良材二百本、さらに美人五十人を贈りました。こうして目をみはるような宮殿「姑蘇台《こそだい》」が完成したのです。

呉王夫差の西施に対する溺愛ぶりはたいへんなものです。彼女のために造園の妙を尽《つ》くして「呉州八景」を造り、そこでは五十歩ごとに亭《あずまや》があって宴が開かれ、五十歩ごとに榭《うてな》（高殿《たかどの》）があって、歌舞音曲が催されています。

　西施についてはいろいろの説があります。夫差のところに贈られる前、呉の軍師・范蠡との間に女児を生んだという話もあり、「女児亭」が、嘉興《かこう》県の南にあります。また、後の越の戦勝後、上将軍《じょうしょうぐん》に任命された范蠡《はんれい》と越を逃れ、五湖《ごこ》に泛《うか》んで去る、なんて記した書もあります。また一説に、越が呉を亡ぼすと、呉人は西施を捕え、江に沈めて、怨みを晴らしたともいわれています。

　後世になりますと、西施の名声はますます高くなって、唐《とう》の大詩人李白《りはく》は、西施を頭において「懐古」の詩をつくりました。李白の代表作品の一つです。

　　只今惟有㆓西江月㆒　　只今惟《ただいま》だ西江《せいこう》の月のみ有り
　　曾照呉王宮裏人　　曾《かつ》ては照す　呉王宮裏《きゅうり》の人

「かつては、ここに宮殿や見晴し台も美しく飾られ、宮女たちが夜の宴にさんざめいた。それが今や、ものみな亡び、人すべてなく、ただ月のみが昔の光をたたえて、栄華のはかなさを見おろしている。」

また、蘇軾《そしょく》（号は東坡《とうば》）は、「もし西湖をとって西子（施）に比せば、淡粧濃抹総《たんしょうのうまつすべ》て相宜《あいよろ》し」――つまり「西湖が晴れた日も雨の日もすばらしいそのさまは、ちょうど西施が薄化粧のときも厚化粧のときも両方ともに美しいさまと同じである」と詠じました。

『奥の細道』でも、芭蕉が次のように詠じています。

　象潟《きさかた》や雨に西施が合歓《ねぶ》の花

「象潟は島も空も雨にけむり、憂愁をたたえた風情。ふと見ると、ねむの花が薄紅色にしっとりと雨を帯びて匂っているが、呉の西施とかいう美人の憂い顔も、さぞかしこんな感じだろうなあ。」

しかし、美しい女性は国の乱れのもとです。呉王夫差《ふさ》もけっきょくは越王の思惑通り、西施に骨抜きにされ、そのあげく越に亡ぼされてしまいました。美しい薔薇《ばら》に刺《とげ》があるように、美人には毒があるのです（Honey is sweet, but the stings.）。

河豚《ふぐ》の腹中の白い部分の肉を中国では、「西施乳《シーシーナーイ》」といいますが、みなさんも河豚の毒の恐ろしいことはごぞんじですね。ふぐちりのことを「てっちり」というのも、

「鉄砲ちり」の意味で、よくあたるというのをひっかけているのです。

呉王夫差も、西施乳にあたって、傾城《けいせい》・傾国《けいこく》（その美貌で国を亡ぼすほどの美人をさす）の文字通り、滅亡しました。わが国でも、

「河豚は食いたし、命は惜しし。」

「河豚食う無分別、河豚食わぬ無分別。」

という言葉があります。今ならさしずめ、奥さんは美人にこしたことはないけれど、お金がかかるし、浮気が心配、ウームどうしよう？　というところでしょうか。

みなさんも西施乳に御用心、御用心。

後宮の佳麗《かれい》三千人、三千の寵愛《ちようあい》一身にあり

★宮中の奥御殿には美人はたくさんいるが、愛されているのは(楊貴妃《ようきひ》)ただ一人。

後宮とは、后妃や女官の住む宮殿で、天子の住む宮殿の後ろにあったのでこう呼ばれます。いわゆる奥御殿で、徳川時代の大奥にあたります。

後宮には原則として皇后一人、四妃(貴妃以下四人。この四人は夫人の称号を許されます)、九嬪《きゆうひん》(昭儀《しょうぎ》以下九人)、世婦《せいふ》(婕妤《しょうじょ》・美人以下二十七人)、御妻《ぎよさい》(宝林《ほうりん》・御女《ぎよじょ》・采女《さいじょ》以下八十一人)、以上、百二十二人を中心に何千人という女官がひしめき、皇帝の愛情をめぐっての凄《すさ》まじい争いの場所でもあります。

玄宗《げんそう》皇帝は、皇后を失い、さらに最愛の武恵妃《ぶけいひ》を失って、その後は「花鳥使」を派遣して美女を求めさせたのですが、心にかなう者がいません。

その折、玄宗の第十八子、寿《じゆ》王・瑁《まい》の妃、楊玉環《ようぎよくかん》(中国音ではヤンユイホアン)をすす

めた者がありました。つまり息子の嫁を奪えというわけです。

白居易《はくきょい》(楽天)の「長恨歌《ちょうごんか》」には、

楊家ニ有リレ女《むすめ》初メテ長成ス
養ハレテ在リ二深閨ニ一人未ダレ識ラ

楊家に女《むすめ》有り　初めて長成す
養はれて深閨《しんけい》に在り　人未《いま》だ識らず
[注] 深閨＝深窓、女の室。

と純潔な女性として描かれていますが、これは事実と違っています。唐朝に仕えた白居易は、臣下として事実そのものをあばくことをはばかり、文学作品として美化したわけです。

さて、後の楊貴妃、玉環は、都の東、驪《り》山のふもと、温泉湧く華清宮《かせいきゅう》に召され、白玉石を貼った御湯《ぎょとう》の中の「妃子湯《ひしとう》」に浴を賜わりました。

これを白居易は、次のように形容しています。

春寒クシテ賜レフ浴ヲ華清ノ池《ち》
温泉水滑ラカニシテ洗ニフ凝脂ヲ一

春寒くして浴を賜ふ　華清《かせい》の池《ち》
温泉　水滑《なめ》らかにして凝脂《ぎょうし》を洗ふ
［注］凝脂＝あぶらみの固まり。真っ白い肌の形容。

華清宮の温泉で眩《まぶ》しいような白い肌を湯浴みしたのです。

彼女は、旧唐書《くとうじょ》に「姿質豊艶《ししつほうえん》」と述べられていますから、かなりのグラマー。玄宗のかつての愛妃・梅妃《ばいひ》が、貴妃を「肥婢《でぶおんな》」と罵《ののし》ったそうです。「楊肥燕痩《ようひえんそう》」ということばがあって、唐の楊貴妃はグラマータイプの典型、漢の飛燕《ひえん》はスリムな柳腰のタイプとして対比されています。中国人の好みもやはり二つに分かれていたのですね。

　この湯浴みですっかり玉環を気に入ってしまった玄宗は、自分の子の妻を奪ったことを隠すといいますか、世間体をはばかるといいますか、玉環を女道士にして、楊太《ヤンタイ》真《チエン》と一応改名させて、後宮に入れました。

　すると玉環は、後宮の何千人もの美人のなかで帝の寵愛を一人じめにしてしまったのです。「後宮の佳麗三千人、三千の寵愛一身にあり」と歌われた栄華です。華清宮で初めて恩愛を受けて五年め、「貴妃」の称号を許されました。女官の最高位で、皇后さまと同じ扱いです。

楊貴妃の一族一門みな立身出世して、官位・官爵を与えられ、大名になったり、大臣になったりして、姉三人も宮中に入って、夫人の称号を許されました。

貴妃のまたいとこにあたる博奕《ばくち》打ちの楊釗《ようしょう》までが、監察御史《かんさつぎょし》・御史大夫《ぎょしたいふ》、そして宰相に進み、国忠という名を賜わります。

姉妹弟兄皆列スレ土ヲ
可シレ憐レム光彩ノ生ズルヲ二門戸ニ一
遂ニ令ム二天下ノ父母ノ心ヲシテ一
不レ重ンゼレ生ムヲレ男ヲ重ンゼレ生ムヲレ女ヲ

〈白居易「長恨歌」〉

姉妹弟兄皆《みなど》土を列す
憐《あわ》れむべし光彩《こうさい》の門戸に生ずるを
遂《つい》に天下の父母の心をして
男を生むを重んぜず　女を生むを重んぜしむ

[注] 令ム二……ヲシテ——(セ)一＝……をして——しむ。使役。……に——させる。

世間の親たちは、楊家一門の栄達を羨やんで、男子よりも女子を生むことを喜ぶまでになりました。もともと中国では女子の生まれるのを嫌い、男子の誕生を祝い望むものだったのに。それほど楊貴妃の出世がめざましかったということです。

貴妃はその容貌・姿態もさりながら、芸術・音楽に巧みで、「尽日《じんじつ》　君王《くんのう》看《み》れども足らず。」つまり帝は、貴妃の舞踊を一日中鑑賞しても飽きることがないほどです。そしてそれまでは天下の名君とうたわれた玄宗でしたが、しだいに政治も疎《おろそ》かになっていきます。

朝寝坊して、「これより君王　早朝《あさまつりごと》せず」とまで歌われました。これがのちの悲劇につながっていきます。

ここで、有名な茘枝《れいし》にまつわる話をしておきましょう。今の四川《しせん》・広州に産する茘枝は、「一日で色が変わり、二日で香りが変わり、三日で味が変わり、四、五日で色・香・味尽《ことごと》く去る」という繊細な果実です。貴妃はこれが大好物で、帝の勅命によって、はるか南方の嶺南《れいなん》地方から、五里ごとに見張り台を建て、十里ごとに駅《うまや》を置いて、昼夜兼行でこれを運ばせました。そして人は倒れ、馬は死に、必死のリレーによって、新鮮さを保った茘枝が、お日さまが高く中央に昇った時、貴妃の朝食のデザートコースにまにあうというわけです。広州の東北、増城に産する「掛緑《カリュイ》」という品種が、この献上の品であったと伝えられています。帝の溺愛ぶりも極まれりというところですね。

さて、こうして貴妃が寵をもっぱらにしています時に、「口に蜜あり、腹に剣あり」といわれる李林甫《りりんぽ》が、忠節の臣・張九齢《ちようきゆうれい》を退けて政権を握ると、唐の体制は急テンポに崩壊していくのです。

（「長恨歌」）

梨花《りか》一枝《いっし》春雨《あめ》を帯《お》ぶ

★美人が涙ぐんで悲しむさま。

天宝《てんぽう》十四年十一月（七五五年）、玄宗《げんそう》・楊貴妃《ようきひ》から絶大の信頼を得ていた雑胡《ざっこ》（胡とは、中央アジアのロシア領ソグジアナ地方のイラン人種。母はトルコ人〔突厥《とっけつ》人〕で、胡人の混血という意味で雑胡と言われる）の安禄山《あんろくざん》が、皇帝に反旗を翻しました。

天下の戸数は九百六十二万、人口五千二百八十八万。「天下の大道は尽《ことごと》く長安《ちょうあん》に通ず」と言われる唐朝極盛《きょくせい》のときで、天下泰平が続いて、将士も人民も戦争というものを知らない中での叛乱です。官軍は連戦連敗。話にもなりません。

そこで平原の太守《たいしゅ》・顔真卿《がんしんけい》が、賊を討つ兵を起こすと、それまで「二十四郡、かつて一人の義士なきか」と嘆いていた皇帝は大喜びです。そして「朕《ちん》は顔真卿とはどんな男かも知らない。まことにあいすまないことだ」と嘆じました。

ですが、これもぬか喜びに終わり、顔真卿も敗退しました。彼の従兄・顔杲卿《がんこうけい》（常山の太守）も禄山に捕えられ、罵り続けたために「縛《ばく》して咼《か》す」つまり、生きながら肉を削《そ》ぎ取って、骨だけにする刑に処せられました。これは、洛陽《らくよう》市中の洛水《らくすい》に架けた橋柱に縛って、衆人の前で実施されたといいます。

これが、宋の大忠臣・文天祥《ぶんてんしょう》の「正気の歌」に「顔常山の舌となる」と歌われているできごとです。彼があまりにも罵《ののし》ったので、まず舌を切られたというわけです。

賊はついに、なんと長安に迫ってきました。このとき、長安を去るにあたり、宝物蔵の品を賊に渡さないように臣下の者が火をつけようとしたのを帝は、「賊は必ず焼かれた宝物分を人民から搾取するだろう。焼いてはならぬぞ」と押しとどめています。楊貴妃《ようきひ》に骨抜きにされたとはいえ、さすがは昔、音に聞こえた名君です。

また、対岸の咸陽《かんよう》との間、渭水《いすい》に架けられた便橋《べんきょう》を渡り終え、兵士が賊の追跡を断つために橋を焼こうとしたときも、帝は、あとから逃げてくる人民のために橋を焼いてはならぬと厳命しました。老い呆けた玄宗にも、これだけの知性は残っていたんですね。

そして、蜀《しょく》へ蜀へと逃げました。後宮の女官たち、そして天子を守る近衛《このえ》の兵士たちを従えて。こうしてやっと馬嵬《ばかい》駅にたどり着いたのです。女官たちは靴も破れ、はだしで血が流れていきます。将兵も飢えと疲労と怒りで、兇暴性を帯びてきました。「楊貴妃を殺せ。宰相・楊国忠を殺せ。楊家一族は皆殺しだ」とたいへんな怒号です。巷《ちまた》はもう阿鼻《あび》叫喚《きようかん》の状態です。楊国忠は馬を走らせて逃亡をはかりましたが、けっきょく、首は駅門にさらされました。楊貴妃の姉である韓国《かんこく》夫人、虢国《かくこく》夫人、そして国忠の妻子らも、悲惨な死をとげました。楊貴妃自身も皇帝から死を賜わり、路傍の仏堂の前の梨の樹の下で、宦官《かんがん》の高力士《こうりきし》の手によって、帛《きぬ》で縊《くび》り殺されました。楊貴妃の死に、将兵は喚声をあげて喜び、クーデターもしだいにおさまってゆきました。

この場面が、白居易の「長恨歌」には、

「六軍《りくぐん》発せず　いかんともするなく　宛転《えんてん》たる蛾眉《がび》馬前に死す」

とあり、「君王面《おもて》を掩《おお》ひて救ひ得ず　回《めぐ》り看《み》て血涙相和《けつるいあいわ》して流る」と歌われています。「宛転たる蛾眉」というのは美しい眉のことで、美しかった楊貴妃のことを指しています。その楊貴妃の命をいかに惜しんでも、皇帝は荒れ狂う兵士たちを押しとどめることはできません。両手で顔をおおって血涙を流すのみです。

楊貴妃を失った玄宗は、やっと列を整えて蜀《しょく》の都・成都《せいと》（金提城《きんていじょう》）行宮《あんぐう》に着きました。皇帝は毎夜、馬嵬《ばかい》駅の惨劇を想い、今は亡き楊貴妃を思って、腸《はらわた》が断ちきられる思いです。「長恨歌」ではそこに、蜀の臨邛《りんこう》から来た仙術を修めた道士が現われます。

道士は、帝が夜もおちおち眠れないほど楊貴妃を思っておられるのに同情して、部下の方士に命じて、上は青空の果て、下は黄泉《よみ》路《じ》の底に至るまで貴妃の霊魂を求めさせました。

もうこれからは、ファンタスティックといいますか、メルヘンの世界です。

方士は、やっと海上の、美しい仙人がたくさん住んでいる神山に、雪の肌、花のような顔《かんばせ》のお方が、探し求める妃《きさき》とそっくりなのを見つけました。やっとその御殿を訪ねて、取りつぎの侍女に来意を告げます。

貴妃は、花もようの幾重にも重なった垂れ幕の中にお眠りになっていましたが、天子の使者と聞き、ハッと眠りから覚めて、あわてさまよい歩き、玉のすだれ、銀の屛風《びょうぶ》をつぎつぎと押し開きます。ふさふさの髪はなかば傾き、花の冠も整わず、堂をかけ下りてみえました。

風は妃のたもとをひらひらと吹き上げ、さながら「霓裳《げいしょう》羽衣《うい》」の舞のようでした。玉のような顔はさびしく沈んで、涙がとめどもなく流れるさまは、一枝の梨の花が春の雨にしっとりうるおう風情でした。妃も情をこめ、瞳をこらして帝に感謝し奉りました。

花冠不レ整ヘ下リテレ堂ヲ来タル
風ハ吹イテニ仙袂ヲ一飄颻トシテ挙リ
猶ホ似タリニ霓裳羽衣ノ舞ニ一
玉容寂寞トシテ涙闌干
梨花一枝春帯ブレ雨ヲ
含ミレ情ヲ凝ラシテレ眸ヲ謝スニ君王ニ一

〈白居易「長恨歌」〉

花冠《かかん》整《ととの》へず、堂を下《くだ》りて来たる
風は仙袂《せんべい》を吹いて飄颻《ひょうよう》として挙《あが》り
猶《な》ほ霓裳羽衣《げいしょううい》の舞に似たり
玉容寂寞《ぎょくようせきばく》として涙闌干《らんかん》
梨花《りか》一枝《いっし》春雨を帯《お》ぶ
情を含み眸《ひとみ》を凝《こ》らして君王《くんのう》に謝す

［注］霓裳羽衣＝西域《さいいき》伝来の楽曲。
闌干＝涙が流れるさま。

梨の花は、真っ白い花で淡白で寂しい。したがって、生前、牡丹の花のように艶麗《えんれい》な美人の死後の容貌に用いたわけです。楊貴妃を春の雨を帯びた梨花にたとえたのは、死後の彼女の形を写し出したみごとな句ですね。

清少納言の『枕草子』にも次のような文があります。

「楊貴妃の帝の御使《みつかい》に逢ひて泣きける顔に似せて、『梨花一枝、春、雨を帯びたり』など言ひたるはおぼろげならじと思ふになほいみじうめでたきことは類《たぐい》あらじとおぼえたり。」

清少納言はそれまで、梨の花は「すさまじきもの」（つまらないもの）としていましたが、この白居易の詩によって梨の花の美に開眼させられたのです。

（長恨歌）

真の友とは？

刎頸ノ交リ

刎頸《ふんけい》の交《まじわ》り

★その人のためなら首を刎《は》ねられても悔いないほどの交り。
★たいへん親密なつきあい。

趙《ちょう》の恵文《けいぶん》王所有の秘宝で「和氏《かし》の璧《たま》」というのがありました。名高い名玉なのですが、見る目のない鑑定家のために、これを王に献上した卞和《べんか》氏はとんでもないめにあいます。

戦国時代、楚《そ》の卞和氏が荊山《けいざん》という山から、璞《はく》（あらたま。まだ磨かない玉）を見つけて、天下の宝玉と思い、厲《れい》王に献上しました。

厲王が玉人《きゅうじん》（玉を磨く人）に鑑定させますと、ただの石ころということで、厲王はおおいに怒って、卞和氏を刖罪《げつざい》（八二頁参照）に処して左足を斬りました。

その後、厲王が亡くなり、武王が位に就いたので卞和氏は、こんどは玉を武王に献上したのです。再び玉人はただの石と鑑定し、卞和氏は右足を斬られ、次に文王が即位しました。和氏は、あらたまを抱いて、三日三晩泣き続け、血の涙が流れるまで泣いて、やっと文王に献上することができたのです。

文王が玉人に磨かせたところ、こんどは天下に二つとない宝玉だということがわかりました。そういうわけで文王はこれを「和氏の璧」と命名したのです。

さてこの玉を、秦《しん》の昭《しょう》王が十五城（城とは城壁に囲まれた城市・都市の意）と交換してほしいと言ってきたのです。

恵文王は、交換に応じようとすれば、きっとだまされて璧だけ取られるだろう。かといって断れば、あとのたたりが恐ろしい、と悩みました。すると、王の家臣の藺相《りんしょう》如《じょ》が、「城入らずんば、臣請ふ、璧を完《まっと》うして趙に帰らん。」

つまり、もし十五城が入手できなければ、璧に傷もつけずに無事に持ち帰ります、と断言したのです。彼は玉をもって秦に到着しました。

案の定、秦王は璧をつくづくと見るばかりで、城をよこすつもりはありません。そこで相如は、「璧にきずがあります」と王をだまして、璧を自分の手にとりもどすことに成功しました。受けとるやいなや、相如の怒髪《どはつ》は冠《かんむり》をつきあげんばかり。

「あまりふざけたまねをすると、璧も私の頭も柱にぶっつけて砕いてしまうぞ。」

王もこの気迫にのまれ、藺相如はぶじ璧を完《まっと》うして、持ち帰ることができました。「完レ璧而帰」(璧を完うして帰る)、これから「完璧」という語が生まれたのです。完全無欠という意味ですね。

「璧」は玉であって「壁」ではありません。この璧は、この逸話から「連城《れんじょう》の璧《たま》」「趙氏《ちょうし》連城の璧」と呼ばれるようになりました。相如《しょうじょ》は、秦王相手に趙のプライドを守って一歩もゆずらなかったのです。

さて帰国後、相如は、この功績をかわれて上卿《じょうけい》に任命されます。老将軍・廉頗《れんぱ》は、自分の戦功を鼻にかけ、自分より上位についた相如を憎んで、「口さきだけで出世した男、こんど会ったら必ず恥をかかせてやる。」

それを聞いた相如は、それから廉将軍の車を見ると、自分の車を隠させる、会議にも、将軍が出席するなら自分は病気だと言って欠席する。まるで蛇ににらまれた蛙と同じです。

相如の家来たちは、廉将軍を恐れて逃げたり隠れたりする臆病者の主人にあいそがつきて、「辞めさせてくれ」と願い出ました。

すると相如は、「秦王の威力を恐れることなく公の席上で叱りつけ、使命をはたした私が廉将軍を恐れることはまったくない。だが、いま武の廉頗、文の相如、この二人がいるから、秦が攻撃してこないのだ。いまこの二頭の虎が戦えば必ずどちらかが傷つくことになる。私は国家の大事を先にして、私ごとはあとまわしにしているのだ」と述べて、声涙ともに下りました。

　これを伝え聞いた廉将軍は、自分の思慮の浅いことをたいへん後悔して、はだぬぎになっていばらの木を背負い、このいばらで鞭《むち》うってくれという謝罪を表わして、相如を訪ねたのです。それから二人は、互いに首を刎《は》ねられても後悔しないという深い交りを結んだということです。これを「刎頸《ふんけい》の交り」といいます。

今両虎共ニ闘ハバ、其ノ勢不ラン二倶ニハ生キ一。吾ガ所三‐以ノ為スレ此ヲ者ハ、先ニシテ二国家之急ヲ一、而後ニスル二私讎ヲ一也。頗聞キレ之ヲ、肉袒シテ負ヒレ

今両虎《りょうこ》共に闘《たたか》はば、其《そ》の勢倶《とも》には生きざらん。吾《わ》が此《これ》を為す所以《ゆえん》の者は、国家の急《きゅう》を先にして私讎《ししゅう》を後《あと》にする也。頗《は》之を聞き、肉袒《にくたん》して荆《けい》を負ひ、門に詣《いた》つて罪を謝し、遂《つい》に刎頸の交りを為せり。

荊ヲ、詣ツテレ門ニ謝シレ罪ヲ、遂ニ為セリ二刎
頸之交リヲ一。〈『史記』廉頗藺相如列伝〉

［注］不《ず》二倶《ともニハ》（せ）――一＝部分否定。両方は――しない。倶ニ不二――一は両方とも――しないの意で全部否定。所以＝理由、わけがら。

その後の話ですが、廉《れん》将軍は、長平《ちょうへい》（山西省高平県）の城を守って、秦の侵入を防いでいましたが、趙の国は孝成王が位につくと、秦の巧妙なスパイ活動にひっかかって、廉を退けて青白きホラ吹きの机上の戦術家・趙括《ちょうかつ》を将軍に据えたために、秦の名将白《はく》起《き》のため、長平は陥落し、趙の大軍四十万人は、すべて「坑」、すなわち、あなうめにされてしまいました。これが長平の戦いといわれています。現地に行きますと、いまでも土中にうずまった骸骨を簡単に見つけることができます。

じつは、ぺーパー・プランナー趙括の実母までが、括を将軍にすることに猛反対し、たとえ息子が敗れても巻きぞえにしないという証文まで王からとっているのです。バカ王とバカ将軍がそろうと、国は壊滅しますね。

ちなみに藺相如は、このときは病没していて、すでにいなかったのです。（史記）

管鮑《かんぽう》の交《まじわ》り

★たいへん親密な交り。利害を超越して友人をよく理解した交り。
★春秋時代、斉《せい》の管仲《かんちゅう》と鮑叔牙《ほうしゅくが》との交り。

斉《せい》の公子・糾《きゅう》の輔佐役として管仲《かんちゅう》は糾に仕え、一方、鮑叔牙《ほうしゅくが》はその弟の公子・小白《しょうはく》の輔佐役として白に仕えていました。

ところが、両公子の父、襄《じょう》公がその弟、無知《むち》に殺され、公子・糾は管仲とともに魯《ろ》の国に亡命し、公子・小白は鮑叔牙とともに莒《きょ》に亡命しました。その後、無知も国人に殺され、斉は空白状態になったのです。

斉人は小白を国王として莒の国から招こうとしましたが、一方、魯の国も、軍隊を発して糾を送りこんできたのです。こうして二公の入国争いがおきました。

そこで管仲は、小白が莒の道を通る途中、矢を放って殺そうとしましたが、帯鉤《バックル》に命中。白はかろうじて助かることができて、けっきょく小白が斉の国王の位に就きました。

このとき小白の輔佐役・鮑叔牙は王に、「斉一国の王でご満足なら私が宰相でじゅうぶんです。しかし天下を治めようとなされば、王を射殺そうとしました管仲がどうしても必要です。彼を宰相にご任命ください」と。するとすぐに聞き入れます。「公怨みを置きてこれを用ふ」とありまして、小白は管仲を用い、政にあたらせました。この小白こそ後の桓《かん》公で、春秋時代最初の覇者となりました。

管仲と鮑叔牙の仲の好さはたいへんなもので、管仲が常に人々に告げて言いますに、「自分と鮑叔が若いころ共同で商売を始め、利益は多く自分が取ったが、鮑叔は自分が貧しいことを知っていたから、なんとも思わなかった。あるとき、事業を計画して失敗したが、時の運ということを鮑叔は知っていたので、なんとも言わなかった。自分は三度戦って三度とも逃げたが、鮑叔は、私に老母がいることを知っていたから、卑怯者ともなんとも言わなかった。『我《われ》を生む者は父母、我を知る者は鮑子なり』」

また桓公は鮑叔を、「一にも則《すなわ》ち仲父《ちゅうほ》、二にも則ち仲父」と尊んだとあります。仲父とは父同様という、たいへんな尊称です。

こうして管仲のたすけによって斉は経済大国となり、一大強国を築いて、桓公は、

「礼《れい》・義《ぎ》・廉《れん》・恥《ち》は、国の四維《しい》。四維張《は》らずんば国則ち滅亡す（四維とは四本の太い綱、四つの道義の意）」というモットーの下、諸侯を斉の鄄《けん》に会合させ、牛耳《ぎゆうじ》を執《と》って（諸侯が会合した際、盟主が牛の左耳を裂き、血をすすって誓うことから、同盟の盟主・主領となる意。今は「ぎゅうじる」と用いられる）覇者《はしや》となり、北は異民族の侵入を退け、南は楚が周に朝貢《ちようこう》しないのを責め、周の王室を守って、天下に号令したのです。そして中国全土の秩序を正して、桓公は、覇者の第一に位置することとなりました。

しかし桓公の死後、公子間に王位をめぐって争いが起こり、その遺骸《いがい》は六十五日間も放置されて、棺から蛆虫《うじむし》がぞろぞろとはいだしてきたそうです。みじめなものですね。斉の覇業は桓公一代で終わりを告げたのです。

唐の大詩人で「詩聖」といわれる杜甫《とほ》の詩に次のような詩があります。

貧交行《ひんこうこう》

翻レ手作レ雲覆レ手雨
紛紛軽薄何須レ数
君不レ見管鮑貧時交

手を翻《ひるがえ》せば雲となり　手を覆《くつがえ》せば雨
紛紛《ふんぷん》たる軽薄　何ぞ数ふるを須《もち》ひん
君見ずや　管鮑《かんぽう》貧時の交り

此道今人棄如レ土　　此《こ》の道　今人棄《す》てて土《ど》の如《ごと》し

「手のひらを上に向ければ雲となり、下に向ければ雨、といったように、人情の移りかわりはいとも簡単、軽薄のかぎりで、そうした連中が今の世にはうようよしている。昔、管仲と鮑叔が貧しかったときの、心を契った交りなど、今の世の人には土くれにひとしく、かえりみる者もない。なげかわしいしだいである。」

杜甫《とほ》が都で苦労した頃の作品ですが、日本の今の世でも変わりありません。これをもじった江戸時代の其角《きかく》に、次のようなものがあります。

紛紛《ふんぷん》たる俳句　何ぞ数ふるを須《もち》ひん　世は見ず宗鑑《そうかん》貧時の交り

山崎宗鑑（一四六五―一五五三）は、本名、志那弥三郎範重《しなやさぶろうのりしげ》。将軍足利義尚《あしかがよしひさ》に仕え、晩年、讃岐《さぬき》に永住したようです。たいへん貧しい生活で、山崎に住居したときに、家の入口に額を掲げていました。その文句は、

一　上《じょう》の客　立《たち》かへり

一　中《ちゅう》の客人　日《ひ》がへり
一　とまり客　下《げ》の下《げ》

思わず苦笑してしまいますね。これにちなんで後の俳人・山口素堂《そどう》は、次のような句を吟《ぎん》じています。

宗鑑老下《そうかんろうげ》の客いかに月の宿

（史記）（左伝）

君子の交《まじわ》りは、淡くして水の如し

★りっぱな人間の交情というものは、べたべたと甘くはなく、さっぱりしているがいつまでも続くものだ。

では、ほんとうによい友人というのはどんな友人なのでしょう。これにはあの孔子も少し苦労したようです。次にあげるのは『荘子《そうし》』にある寓話です。

ちょっと注意しておきますが、荘子は自由自在な人生哲学の立場から、ことさらに孔子を、足が地につかない、理想のみを追うオーソリティー、人類の指導者、偉大な理想主義者とちゃかして、ピエロに仕立て、演劇の脚本をかってに組みたて、嘲笑・冷やかしをやります。みなさんもそのつもりで味わってください。

孔子が隠者に問いかけました。「私は魯《ろ》の国からも、宋《そう》の国、衛《えい》の国からも追われ、陳《ちん》と蔡《さい》の境で軍隊に包囲されるというさまざまな災難にであって、そのあげく、親しい友、門人も私から離れていってしまいました。これはどういうわけでしょうか。」

すると隠者が答えて、

「仮《か》という国の林回《りんかい》という人が亡命しようとして、千金の宝玉を捨てておいて、銭にもならない赤ん坊を背負って逃げ出したのです。それを見た人が林回に、『千金の宝玉を捨てて、荷やっかいな赤ん坊を背負って逃げるのは、どういうわけでしょうか』とたずねますと、林回が答えますに、『宝玉は私と利益によって結ばれたものです。赤ん坊は天の意志によって結ばれたものです。利益によって結ばれたものは、災難にあうと互いに見捨ててしまいます。一方、天の意志によって結ばれたものは、災難にあうと逆に、互いに固く結びついて、離れることはありません』と言ったそうです。

それと同じように、君子の交りは水のように淡白ですが、永久に友情は続きます。他方、小人の交りはべたべたと甘いが、利がからんでいるので、利がなくなれば、すぐ交りは絶えてしまいます。利があれば甘い蜜のような交際、利がなくなればすぐ断絶です。無意義な交りは、無意義に離れます。」

君子之交ハ淡クシテ若クレ水ノ、小

君子の交は淡くして水の若《ごと》く、小人の交は甘くして醴《れい》の若《ごと》し。君子は淡くして人之交ハ甘クシテ若レ醴《れい》ノ。君子ハ淡クシテ以テ親シミ、小人ハ甘クシテ以テ絶ツ。彼ノ無レクシテ故以テ合フ者ハ、則チ無レクシテ故以テ離ル。〈『荘子』〉

以《もっ》て親しみ、小人は甘くして以て絶つ。彼《か》の故《ゆえ》無くして以て合ふ者は、則《すなわ》ち故無くして以て離る。

孔子のことばにも、「君子は義に喩《さと》り、小人は利に喩る」（君子喩二於義一、小人喩二於利一）というのがありましたね（一三頁）。また孔子は交りについて、「忠告してこれを善導し、不可なれば則《すなわ》ち止《や》む。自《みずか》ら辱《はずか》しめらるることなかれ」とも言っています。友人には忠告を惜しまず、自分の考えていることを率直に告げて、よい方向にいくようにする、だが相手が聞かないようならば、むりじいはしない。言いすぎて自分がかえって侮辱されないようにする」というのです。

これについては子游《しゆう》も、「君主にしつこく忠告をすると、必ず侮辱される。友人に対してしつこく忠告をくりかえすと必ず仲たがいをする」と言っています。

君主に対しても、友人に対しても、限度がある。いくら相手のことを思っての忠告でも、ほどほどにしなさい、という意味でしょう。

昔の日本式の、切腹してでも君主を諫《いさ》めるのが忠である、純粋である――「武士道とは死ぬことと見つけたり」のことばもありますが、――というのでなく、「不可なれば則ち止む」の孔子のことばのように、無理をせず冷静に時機を待つのが中国流のようです。

また孔子は、「プラスになる友」「マイナスの友」について、こんなことも言っています。

「プラスになる三種の友とは、正直、誠実、経験豊富な友。マイナスの友三種とは、こびへつらう友、八方美人の友、口先き上手で見聞のない友。」

友には益友《えきゆう》と損友《そんゆう》があることを説いて、友を選ぶことの大切なことを教えたものです。

孔子曰《ク》、「益者三友、損

孔子曰《いわ》く、「益者三友、損者三友。直を友とし、諒《りょう》を友とし、多聞《たぶん》を友とする

者三友。友トシレ直ヲ、友トシレ諒ヲ、友トスルハ二多聞ヲ一、益ナリ矣。友トシ二便辟ヲ一、友トシ二善柔ヲ一、友トスルハ二便佞ヲ一、損ナリ矣ト。」
〈『論語』季氏〉

は、益なり。便辟《べんぺき》を友とし、善柔《ぜんじゅう》を友とし、便佞《べんねい》を友とするは損なり」と。

日本にも七損友があります。「友とするに悪《わろ》き者、七つあり。一つには、高くやんごとなき人。二つには若き人。三つには、病なく、身強き人。四つには、酒を好む人。五つには、たけく、勇《いさ》める兵《つわもの》。六つには虚言《そらごと》する人。七つには欲深き人。」（『徒然草《つれづれぐさ》』）
兼好《けんこう》法師のことばです。みなさんはどうでしょう。

（論語）

戦争の論理

宋襄ノ仁

宋襄《そうじょう》の仁《じん》

★無用のなさけ。無益な同情。愚かな哀れみ。

春秋時代、五覇《ごは》の最初の覇者となった斉《せい》の桓《かん》公が死んで、宋《そう》の襄《じょう》公は、自分こそ第二の覇者となろうと考えました。そして、その手始めに、南方の楚《そ》国に従属している西の鄭《てい》を攻めたのです。襄公の軍は、鄭の救援に駆けつけた楚軍と泓水《おうすい》のほとりで対《たい》峙《じ》しました。

この時、「楚軍が陣立《じんだ》てをしないうちに攻めましょう」と、襄公の公子・目夷《もくい》が申し出たのです。

ところが襄公は、「君子たる者は、人が困っているところを苦しめてはならない。人の弱みにつけこむことは君子のすることではない」と。楚軍はこの機に乗じて続々と川を渡りました。

楚軍が川を渡りおえてなお、まだ陣立てがじゅうぶんでないのを見てとった目夷がまた、「いま攻めましょう」と王に求めましたが、襄公は承知せず、楚軍の態勢がじゅうぶん整ったところを攻め、けっきょくは襄公の軍は、楚に大敗してしまいました。襄公は股《もも》を傷つけ、左右の腹心の部下も全滅です。

この惨憺《さんたん》たる結果に宋国の人がみな襄公を非難したところ、彼は弁解して言いました。

「君子は、負傷したもの、白髪の老人は捕えない。足場の悪いところにいる敵は攻めない。自分はむかし滅亡した殷《いん》の一族の子孫ではあるが、敵が陣立てもしないうちに攻め太鼓を鳴らして攻めるようなことは絶対にしないぞ。」

これに対して目夷は、

「楚軍の足場が悪いのは、宋にとっては天の助けです。そこを攻めても勝てるかどうかもわからないのです。白髪の老人でも負傷者でも捕えるべきです。それが悪いなら、こちらが老人や負傷者に降参したほうがいいですよ。戦争は勝つためにやるもんです。」

この泓水の戦いは紀元前六三八年のことで、襄公は翌年、この泓水の戦いで傷ついたのが原因で亡くなりました。これで彼の夢であった覇業は完成しないで終わったわけです。彼はいちおう人格者であったと思われますが、戦争向きではなかったようですね。

こうして世人は、つまらぬ無用のなさけを「宋襄の仁」というようになったのです。マキャベリも『君主論』で、「善行は、悪業と同じく人の憎悪を招く」と忠告しています。

公子目夷、請フ㆘及ビ㆓其ノ未ダ㆒㆑ルニ陣セ撃タント㆖㆑之ヲ。公曰ク、「君子ハ不ト㆑困シメ㆓人ヲ於阨ニ㆒。」遂ニ為ル㆓楚ノ所ト㆒㆑敗ル。世笑ヒテ以テ為ス㆓宋襄之仁ト㆒。

〈『十八史略』〉

公子目夷《もくい》、其《そ》の未《いま》だ陣せざるに及び之を撃たんと請ふ。公曰《いわ》く「君子は人を阨《やく》に困《くる》しめず」と。遂に楚の敗る所と為る。世笑ひて以て宋襄《そうじょう》の仁《じん》と為す。

[注] 未ダず=再読文字。いまだ——ず。為《な》ル㆓……所ノト㆒㆑——スル=受身。……に——される。

現代中国の諺《ことわざ》にも「打落水狗《ターラオシユエイコウ》」（水に落ちた犬は打て）というのがあります。人を咬《か》むような犬は水の中に落ちても情け容赦《ようしや》なく追いうちをかけてぶったたけという意味で、つまらぬ情け、哀れみをかけるなという意味になりましょう。また、敵が再起できないように徹底的にやっつける意味にも用います。

中国の文学者、魯迅《ろじん》の「フェアプレーは早すぎる」という短編（短編集『墳』所収）に、「水に落ちた犬は打つべし」という一節があります。水に落ちた犬を打たずにほうっておくと、はいあがってきた犬に咬み殺される恐れがあるという意味です。「辛亥《しんがい》革命の際、一群の下劣紳士《げれつしんし》どもがあわてて喪家《そうか》の狗《いぬ》のようになったが、かれらは第二革命のときには突如現われて袁世凱《えんせいがい》を助け、多数の革命家を咬み殺したのである。……」とあります（喪家の狗＝喪中《もちゆう》の家の犬。不幸にかまけて世話されないのでやせおとろえている）。

宋の襄公さんに読ませたかったですね。宋の襄公の死後、宋の国勢はもう再び盛んにはなりませんでした。次の景公のことがちょっと記録されたぐらいで、次いで康王のときに、斉・楚・魏《ぎ》と戦って少しばかりの勝利を得ましたが、かえってそのために、それらの国からひどく恨まれるようになりました。また、この康王は淫虐《いんぎやく》がひどく、夏《か》の桀《けつ》王のようだというので「桀宋《けつそう》」と呼ばれるような王で、人民の心は離反し、宋はまったく衰弱して、次の王偃《おうえん》のとき、斉の湣《びん》王が楚・魏と連合して、前の恨みをはらすために侵入してきますと、ひとたまりもなく滅びてしまいました。それが周の赧《たん》王の二十九年（紀元前二八六年）のことで、三国は、宋の領土を三分してしまったのです。微子からこの王偃まで、宋は三十二世、八百五十七年の寿命でした。

戦争はすべて盗むことのみを目的とする。

——ヴォルテール

私は正義の戦いよりも邪悪の平和を好む。

——キケロ

捲《けん》（巻）土重来《どじゅうらい》

★失敗したものが再び勢いをもりかえすこと。

その力は山を抜き、その気力は天下を覆うという西楚《せいそ》の覇王《はおう》・項羽《こうう》は、思慮の足りない猛将軍でした。漢王・劉邦《りゅうほう》は、知恵袋の陳平《ちんぺい》に相談しました。「項羽に亜父《あほ》（范《はん》増《ぞう》のことで、父に次ぐ尊敬すべき人。亜レ父＝父に亜《つ》ぐ）がいると鬼に金棒で、どうにもならない。なんとかしてくれ。」ここに有名な「陳平の計」が行なわれたのです。

まず、陳平は四万斤《きん》の金を用いて范増内通の噂を流しました。はたして項羽はこの噂にまどわされたのです。そこで項羽はわざと范増には内密にして、劉邦のもとに講和の使者をおくりました。この講和も相手の出かたを探る程度です。しめしめ、使者が到着しますと、陳平・張良が接待にあたりました。にこにこしながら愛嬌たっぷりです。

「亜父さまは御機嫌いかがですか。」

「私は項王の使者である。范増どのの使者ではない。」

「えっ、亜父さまのご使者とばかり思って、これはこれは。」

とすぐに、いまにも帰れとばかりに、並べた山海の珍味を下げさせました。項羽の使者はびっくりぎょうてんです。このことはすぐに項王に報告されました。

疑われた范増は、辞職を請うて故郷に帰る途中、憤激のあまり背中に疽《そ》(悪性のはれもの)ができて死んだのです。こうして項羽は、たいせつな知恵者を失ったのです。

こういうところが項羽の愚かなところですね。

以前にも、項羽は、函谷関《かんこくかん》にある沛《はい》公を、大軍をもって急襲し、一気に打ち破ろうとしたことがありました。ところが、いちはやくこの情報を知った沛公は、百余騎を従えて、項羽を鴻門《こうもん》に訪ね、平身低頭して、自分はあくまでも将軍の手助けをしただけで、始皇帝のあとに坐るなんて考えたこともないと、涙を流さんばかりに詫びたのです。項羽はこういう蜜のようなことばに弱い人です。項羽の軍師・范増は、酒宴の間しばしば沛公を斬ることを督促しましたが、「羽応《う》ぜず。」沛公のおべんちゃらにグニャグニャになってしまったのです。けっきょく、沛公はふるまい酒に酔っぱらったふりをして、便所にかこつけてさっさと逃げ出します。

沛公を討つチャンスは、二度と項羽にめぐってきませんでした。絶好のチャンスを逃したわけです。

范増は、沛公が逃げたことを知ると、剣を抜いて沛公の土産物の玉杯を突きこわして、「ああ、豎子《じゅし》謀《はか》るに足らず。将軍の天下を奪う者は、必ず沛公ならん」と、身を震わせて残念がりました。豎子とは、小僧・青二才の意で、項羽のことをさします。

この会見は「鴻門の会」と呼ばれ、昔からよく芝居などでもとりあげられています。私は、京劇で范増に扮した名優・馬連良《マーリエンリアン》の、この場面の長嘆息を忘れることができません。ためいきをもらす時はいつも、この悲劇の主人公・范増のことを思います。

范増の死後、項羽は知らないうちに着々と追いつめられていきます。そしてついに劉邦《りゅうほう》と天下を二分。せっかく捕虜にした劉邦の父、太公と劉夫人も引き渡したのです。和が結ばれ楚に帰国する項羽を、劉邦は和を破って追い討ちをかけて、項羽を垓下《がいか》に囲むことに成功しました。愛妃・虞《ぐ》美人はここで自決（四面楚歌、六〇―六一頁参照）。夜半、項羽は囲みを破って八百余騎を従えて脱出しますが、ついには二十八騎となり、やっと烏江亭《うこうてい》にたどりついたところ、亭長（宿場の長）が、「さあ、江東へお渡りください。江東王となることができます、さあどうぞ。」

ところが項羽は、「江東の子弟八千人と長江を渡って進軍したが、今、ひとりとして生きて帰る者がいない。たとえ江東の父兄が憐れんで王にしてくれても、自分はどの面《つら》さげて父兄に顔をあわせることができようか。」

言いおわると項羽は、亭長に愛馬を与え、攻めよせる漢軍の中に単身斬りこみました。そして身に十余創《そう》を被《こうむ》り、もう血だるまの状態です。頭から流れる血と汗とがまじって目に入り、前方も見えない。ちょうどその時、敵の中に裏切り者の部下を見つけてこう叫びました。

「呂馬童《りょばどう》、こっちに来い。首をやるぞ。」

そして自ら首を刎《は》ねて壮烈な死をとげたのです。なんと三十一歳の若さでした。この呂馬童は、当時の中国でもわが国と同様に〝影武者〟が多かったので、項羽本人であるかどうか首実検に来ていたのでした。

烏江《うこう》は安徽《あんき》省和《か》県東北にあって、項羽の戦死したところを烏江浦《うこうほ》といいます。後年、人々はここに「烏江廟《びょう》」をつくり、項羽を祭りました。ここで唐の大詩人杜牧《とぼく》が、悲劇の英雄に詩をささげています。

勝敗ハ兵家モ不レ可カラレ期ス
包ミレ羞ヲ忍ブレ恥ヲ是レ男児
江東ノ子弟多シ二豪俊一
巻土重来未ダレ可カラレ知ル

勝敗は兵家《へいか》も期すべからず
羞《はじ》を包み恥を忍ぶ是《こ》れ男児
江東の子弟豪俊《ごうしゅん》多し
巻土重来《けんどじゅうらい》未《いま》だ知るべからず

（史記）

意味は、「どんな兵法家でも、戦いの勝敗はあらかじめ計ることはできない。敗れたとしても一時的な恥を耐え忍んで、再挙をはかるのが男児としての生き方ではあるまいか。江東の子弟にはすぐれた人物も多いので、江を渡って再挙をはかったならば、まきかえしに成功したかもしれない。まことに惜しいことであった。」

項羽の自決は、漢・楚興亡の閉幕を飾る悲劇の一幕でありました。イギリスの詩人オスカー・ワイルドのことばにこうあります。

「人間の生涯が美しくあるためには、その最期は悲劇的でなければならない。」

呉越同舟《ごえつどうしゅう》

★仲の悪い者が、一つ所にいること。
★仲の悪い者同士が、共通の難にあってともに努力すること。

一方、何度敗れようが恥をしのんで耐え、反撃の機会をうかがう人々もいます。次項の「臥薪嘗胆《がしんしようたん》」の当事者、呉王と越王がそうですが、彼らの確執があまりに長かったため、〝呉越〟は仲の悪い者どうしの代名詞となりました。その仇どうしが一緒になるのが「呉越同舟」。この故事は、中国古代の兵法書『孫子《そんし》』に載っています。『孫子』は、春秋時代は呉の孫武《そんぶ》の著といわれていましたが、いや、これは戦国時代、斉《せい》に仕えた孫臏《そんぴん》の兵法書であるともいわれました。あるいは、孫臏は架空の人物ではないか、といろいろな説がありましたが、一九七二年、山東省臨沂《りんき》県「銀雀山漢墓《ぎんじやくざんかんぼ》」から『孫臏兵法』が竹簡《ちくかん》で発掘されて、『孫子』の著者は孫武であるということがだいたい確定されました。

この『孫子』の「九地篇」では、敵味方がおかれている状態を九つの種類に分けて、それぞれに応じる方法が示されているのですが、「呉越同舟」は、その死地の場合の説明として見えています。

「敵の攻撃に対し、常山の蛇が出てきます。常山の大蛇は、首を撃てば尾がビシッととんでくる。尾を撃てば首がとんできて、ガブッとやられる。胴を撃てば、首と尾が同時に襲ってくる。兵士をこの常山の蛇のように戦わせれば、ピンチを脱することができる。」

と孫子は言うのです。続けて、

夫レ呉人ト与《と》ニ越人一相悪ムモ也、当タリテヤニ其ノ同ジウシテレ舟ヲ而済《わた》リテ而遇フニレ風ニ、其ノ相救フ也、如シニ左右ノ手一。

〈『孫子』〉

夫《そ》れ呉人《ごひと》と越人《えつひと》と相悪《あいにく》むも、其《そ》の舟を同じうして済《わた》りて風に遇《あ》ふに当たりてや、其の相救ふや、左右の手の如《ごと》し。

［注］——与《トと》ニ……一＝並列。——と……と。
悪＝にくむ。

「たとえば呉の人と越の人が互いに憎みあっていても、同じ舟に乗って、急に大風にあい、舟が危険な場合は、お互いに左右の手になったように助けあうだろう。」

その一方、陣中で馬を一か所に繋ぎ、戦車を軍隊のまわりにぐるっと並べて防壁を造り、強固に護っても、安心できないものです。

それよりもむしろ、危急の際にあっては、敵どうしが助けあうように兵士の心を一つにして、多くの兵を用いること、一人を用いるように使いこなして、はじめて目的を達成することができるのだ、と『孫子』には述べてあります。

この兵法論から、「呉越同舟《ごえつどうしゅう》」ということばは、仲の悪い者どうしが、共通の困難にあったとき、力を出しあい、知恵をしぼって助けあうことに用い、それから、単に仲の悪い者どうしがたまたまいっしょにいることに用いられるようになりました。

孫子の兵法は、有名な武田《たけだ》信玄《しんげん》の「風林火山」の「軍争篇」にも出てきます。

その疾《はや》きこと　風の如《ごと》く　（行動は疾風のように）
その徐《しず》かなること　林の如く　（林のように静粛に）
侵掠《しんりゃく》すること　火の如く　（侵略は猛火のように激烈に）

動かざること　山の如く　（山のように泰然と）
知り難きこと　陰《いん》の如く　（雲のように隠密に）
動くこと　雷霆《らいてい》の如く　（電光石火のように動き）
郷を掠《かす》めて衆を分かち　（略奪の兵は分散）
地を廓《ひろ》めて利を分かち　（要地攻略の兵も分散）
権《けん》を懸《か》けて動く　（すべてに権謀術数を）
先《ま》づ「迂直《うちょく》の計」を知る者は勝つ　（いち早く「迂直の計」を）
これ軍争の法なり　（これが軍争の要諦である）

軍争とは、戦場で有利な条件を獲得することです。それには「迂直の計」といって、遠まわりをしているように見せかけて敵の注意を引きつけ、目的を達成してしまうのです。これは『孫子』の「計篇」に「兵は詭道《きどう》なり」とあるのに基づいています。「詭道」は、英語でいえば「ストラテジー（strategy）＝戦略」という語にあたります。戦いとは敵を欺《あざむ》くことなのです。

孫子（名は武）は呉の国に仕えました。呉は周時代の初めに、文王の二人の叔父が一族を連れて揚子江《ようすこう》の下流に移り、そこにいた異民族を基にして成立した国です。闔《こう》廬《りよ》が呉王になって、「伍子胥《ごししょ》を挙げて国事を謀《はか》る」と記されている通り、大臣の子胥（名は員《うん》、子胥は字《あざな》）は王の信任を得ていました。孫子はこの子胥の推薦で呉王に仕えたのです。

そのいきさつを、『史記』の「孫子呉起列伝第五」によって紹介してみましょう。

呉王が、「子《し》の兵法書十三篇、みごとなものじゃ、ひとつ実地の訓練を見せてくれ。」

そこで孫子は、宮中の女官百八十人に対して、王の愛妃二名をそれぞれ隊長に任命して、矛《ほこ》を持たせ、命令しました。

「汝《なんじ》らは自分の心《むね》、左右の手、背中を知っているな。」

「知っています。」

「では、『前』と命令したなら心を、『左』と命じたら左手を、『右』と命じたら右手を見よ。『後ろ』と命じたときは、背中を見よ。」

女官らには正式に軍令として命令し、刑罰の鉄鉞《てつえつ》（まさかり）を用意し、孫子は三たび軍令し、五たび説明しました。太鼓を打って「右」。ですが女官らは変なじいさんと大笑い。また三たび軍令し、五たび説明して、太鼓を打って「左」と命じましたが、またゲラゲラと大笑いです。そこで孫子は一喝、「軍律によって斬《ざん》。」

王の助命嘆願もありましたが、二人の愛妃は鉞で首を刎《は》ねられたのです。さあたいへんです。女官らは真っ青になって、緊張で身体《からだ》は震えます。そこへ寵姫《ちようき》二名が新しく隊長に任命されました。太鼓を打って調練に入ると、こんどは孫子の号令通り自由自在、一糸も乱れません。「王よ、調練終了。この女軍は王命くだらば、火の中、水の中といえども突入いたします」と。

王も子胥も、孫子の苛酷峻厳さに口もきけなかったのです。

孫子はこうして闔廬に仕えることになりました。

（孫子）（史記）

臥薪嘗胆《がしんしょうたん》

★苦労して仇《かたき》をとること。
★将来の成功を考えて長い間苦労すること。

呉《ご》というのは周の文王の二人の叔父、太伯《たいはく》・仲雍《ちゅうよう》が一族を連れてきて建てた国で、太伯の十九代目寿夢《じゅぼう》の代になって王と称し、四代を経て闔廬《こうりょ》が王となりました。闔廬は、伍子胥《ごししょ》を用い、兵法は孫子を用いておおいに成果をあげましたが、越《えつ》と対戦した折、越の軍隊が整然と隊列をつくり、剣《つるぎ》を首にあてて進軍してきて、皆がいっせいに自分の首を刎《は》ねたのにはびっくりしました。

一隊全部がビシュッと頸動脈を切断し、血がパッと飛び散る。二隊めがやってくる、いっせいに首を刎ねる。またやってくる、いっせいに自分で首を刎ねる――呉軍はぼうっとなって、白昼夢を見ている心地です。そしてここぞとばかり、その茫然自失の瞬間をねらって、越の精鋭部隊が突入したのです。乱戦中、呉王闔廬は越の勇士・霊《れい》姑浮の矛に足の指を突かれて、たいへんな傷です。それがもとで彼は危篤状態におちいり、太子夫差《ふさ》に「必ず仇をとれ、越を亡ぼせ」と叫びながら、ついに王は亡くなりました。

夫差は、復讐の念をより強くするために、薪の上に寝て、家来が室に入るときには必ず、「夫差よ、汝《なんじ》は越人《えつひと》が、汝の父を殺したのを忘れたのか」と叫ばせて、仇討《あだう》ちのことを四六時中忘れたことがありませんでした。

こうしたなかで、周の敬《けい》王二十六年（紀元前四九四年）、越王勾践《こうせん》は、軍師である范《はん》蠡《れい》の諫《いさ》めもきかず、機先を制して呉の討伐に兵を進めたのです。

いまこそ恨みをはらそうと待ちかまえていた呉王夫差は、夫椒《ふしょう》山のふもとで越軍を討ち破りました。かくして、越王勾践は残兵をひきつれて会稽《かいけい》山に逃げこみ、「自分は呉の臣下となり、妻は奴隷になるから、命だけはお助けくだされ」とひれふして願い出たのです。しかし越王は心の内では早くも次の手を考えています。越国第一の美人、西施《せいし》を夫差に献上して、夫差を有頂天にさせ、浪費を奨《すす》めるようにしむけたのです（本文九九―一〇〇頁参照）。

またこの時、呉の太宰《たいさい》（宰相）・伯嚭《はくひ》は、越王勾践からたいへんな賄賂《わいろ》を受け、夫差に越王の助命を説いて、「諸国の王に、度量の広いところをお見せになったほうがよろしい」と盛んに述べました。

これに対して子《し》胥《しょ》は「絶対に越王の命を助けるべきではない。必ずまた復讐される」と説きましたが、夫差は、父王のお気にいりだった、この虫の好かない子胥の説を退けたのです。孫子はこのとき呉の新王・夫差のもとを去ってしまいました。

さて、二年たって、その間、勾践は、あらゆるへつらいを示して、夫差の股《もも》の腫《は》れもののうみまでも口で吸いとって信頼され、ついに越への帰国を許されました。

帰国してから勾践は、常に生の胆《きも》をつりさげて、その苦い味を嘗《な》めて会稽の恥を思い、復讐の刃を研いで忘れることがありません。そして大声で叫びました。「汝は会稽の恥を忘れたのか。」これを毎日、自分に言い聞かせたのです。政治は大夫《たいふ》・種《しょう》にまかせ、王は范蠡と軍隊の訓練に専念しました。

こうして夫差の臥《が》薪《しん》、勾践の嘗胆《しょうたん》が一つになって「臥薪嘗胆」は、仇をとるために苦労する意味になりました。また「会稽の恥」は、敗戦の恥辱の意味に用いるようになりました。『十八史略』にはこうあります。

夫差志シ㆑復セント㆑讐ヲ、朝夕臥シ㆓薪中ニ㆒、出入スルニ使メテ㆓人ヲシテ呼バ㆒曰ク、「夫差、而《なんじ》忘レタル㆔越人之殺シシヲ㆓而《なんじ》ノ父ヲ㆒邪《か》ト。」

勾践反リ㆑国ニ、縣ケ㆓胆ヲ於坐臥ニ㆒、即チ仰ギテ㆑胆ヲ嘗メテ㆑之ヲ曰ク、「女《なんじ》忘レタル㆓会稽之恥ヲ㆒邪ト。」


夫差《ふさ》讐《あだ》を復せんと志し、朝夕薪中《しんちゅう》に臥《が》し、出入するに人をして呼ばしめて曰《いわ》く、「夫差、而越人《なんじえつひと》の而《なんじ》の父を殺ししを忘れたるか」と。

勾践国に反《かえ》り、胆《きも》を坐臥《さが》に縣《か》け、即《すなわ》ち胆を仰《あお》ぎて之を嘗《な》めて曰く、「女会稽《なんじかいけい》の恥を忘れたるか」と。

［注］使ム㆓……ヲシテ——セ㆒＝使役形。……に——させる。　於＝前置詞。八五頁参照。


そんな折に、呉に事件が起こりました。例の貪欲な伯嚭が夫差に、「子胥が、自分の意見が用いられなかったので、王を怨み呪っています」と、根も葉もない告げ口をしたのです。夫差は、愚かにもこのことばを受け入れ、子胥に属鏤《しょくる》の剣を与えました。つまりその剣で自殺しろということです。子胥は家人に、

「我が墓に檟《か》（ひさぎ。木の名）を植え、我が肉体を肥料として育て、その檟は夫差が

越王に殺されたときの棺桶《かんおけ》の材料にしてくれ。それから我が目を抉《えぐ》りとって、東の城門にかけろ。越の兵が東から攻めてきて、呉を滅ぼすのを見届けてやろう。」と言い遺《のこ》し、自ら首を刎《は》ねました。カンカンに怒った夫差はその屍《しかばね》を馬の皮の袋に入れて、長江《ちょうこう》（揚子江《ようすこう》のこと）に投げこみました。しかしその後も越は十年間、民を養い国を富ませ、あと十年間、民を教育し、軍事訓練に励みました。万全を期したわけです。

一方、夫差は、その間、安心しきって暮らし、ある時、杞《き》の黄池《こうち》に諸侯を集合させ、覇者として牛耳《ぎゅうじ》を執りました。

その隙をついて、勾践は范蠡とともに呉に総攻撃をかけます。そんなことは予想もしていなかった呉は総崩れです。夫差はここではじめて、自分が殺した子胥の意見が正しかったことを思い知らされたのです。夫差は最後に、「あの世に行って子胥にあわせる顔がない」と自分の顔を覆いかくして死んでいきました。オスカー・ワイルドのことばに「憎しみは人を盲目にする」とありますよ。

こうして「会稽の恥」を雪《すす》ぐことができた勾践の喜びはどれほどだったでしょうか。

さて、余談ですが、「臥薪嘗胆」の精神は、近代の中国にも生きていました。一九一五年一月、日本政府（大隈《おおくま》内閣）が中国へ、二十一箇条の条約をぶつけました。これは中国全土を日本の独占的植民地にするという帝国主義的内容のものでしたが、五月九日、日本の最後通牒《つうちょう》に屈して、条約は受諾されたのです。中国ではこれに反対して、「二十一箇条廃棄」のスローガンのもと、一九一九年五月四日、五・四運動といわれる大デモンストレーションが勃発します。

条約を受諾させられたその日を、中国は「国恥《こくち》記念日」と制定しました。『礼記《らいき》』の「国恥以《もっ》て之《これ》を興《おこ》すに足る」からとったものです。

さらに中国では、英・米・仏・露の各国も日本の要求を黙認したのを見て、他国はあてにはできないと、欧米各国を含めて、中国に国恥を与えた事件名、国名、事件の年月日、原因、損害など二十六件を列挙し、中央に国父・孫文《そんぶん》の写真を掲げました（次頁写真参照）。

たとえば、右から七番めの事件は――

馬関条約 日 光緒二十一年四月十七日 原因 中日戦争 損害 承認朝鮮自主割譲台湾澎湖島賠款二万万両。

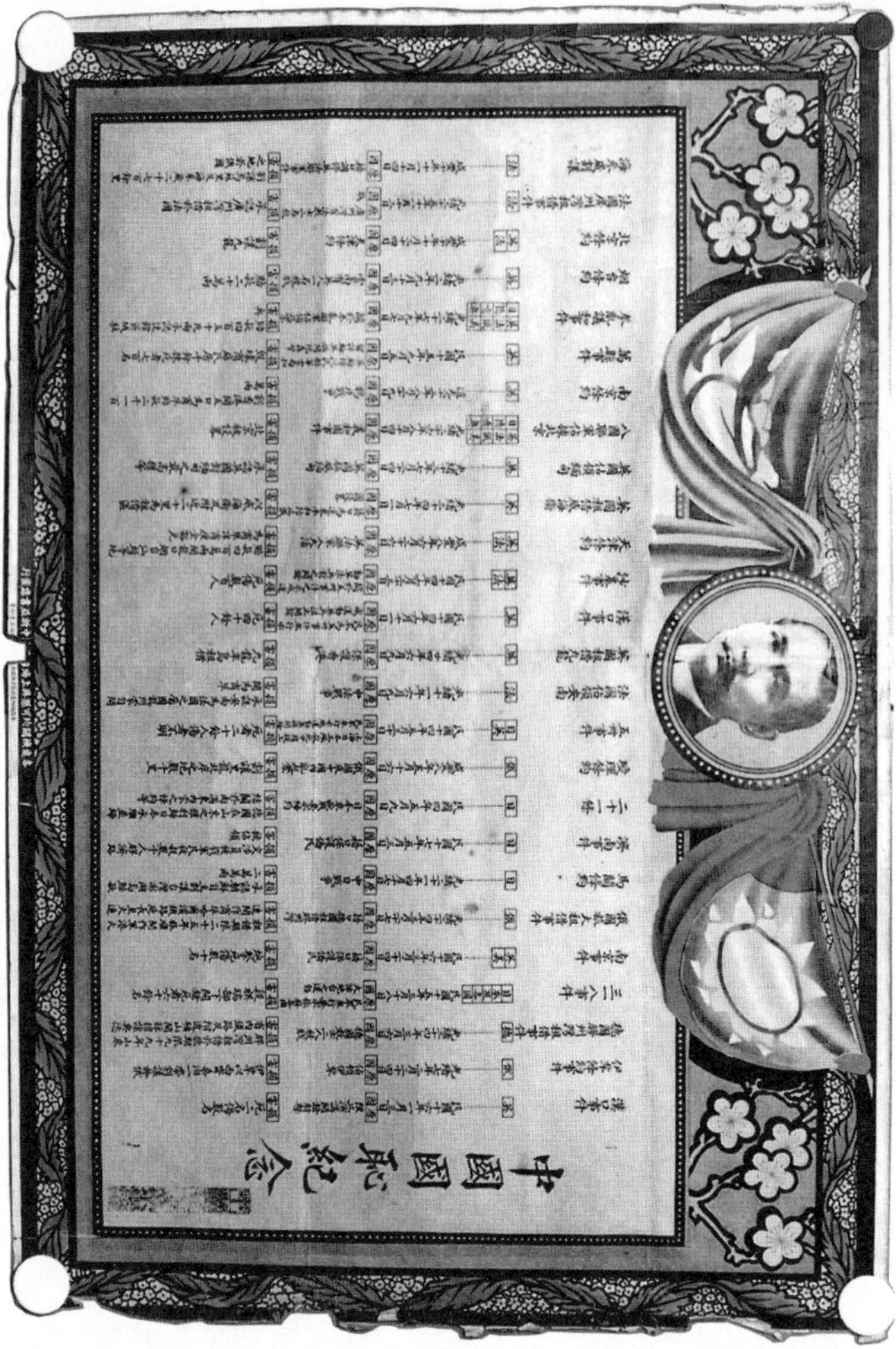
中國恥紀念

これを訳すと、「下関条約日本一八九五年四月十七日原因日清戦争講和条約成る。損害朝鮮の独立を承認、台湾・澎湖《ほうこ》島を割譲する。賠償金二億両を支払う」となります。

こうして中国では、全紙大の極彩色の「国恥記念日」ポスターを制作、これが小学校から大学、街の要所にはりめぐらされ、欧米列強へはもちろん、特に日本への抵抗運動は激烈をきわめていくわけです。

まさに「臥薪嘗胆」「会稽の恥を忘るべからず」。中国人の誇り高さと、凄まじいまでのエネルギーが伝わってくる話ですね。

（史記）（十八史略）

理想の政治

苛政ハ虎ヨリモ猛シ

先憂後楽《せんゆうこうらく》

★世の指導者・為政者の心がけ、国や民を思う情。
★心配ごとをまず先に考え、楽しみごとはあとまわしにすること。

中国の諺《ことわざ》に、「南船北馬《ナンチオアンペイマー》」というのがあります。南方は水また水で船が足代わりです。北方は雨が少なく、どこまでも草原が続いて馬が足代わりです。そういわれる通り、南には中国第一の大湖「洞庭湖《どうていこ》」があります。湖の北は長江（揚子江《ようすこう》）に続き、南には湘江《しょうこう》、その支流の瀟水《しょうすい》がともに湖にそそいでいます。

湖の景色は、湘江・瀟水の岸辺と、湖の南が絶景といわれます。つまり「瀟湘湖南《しょうしょうこなん》」です。略して「湘南」。わが国の美しい相模湾《さがみわん》の海沿いを湘南と呼ぶいわれです。

君がため瀟湘湖南の少女《おとめ》らはわれと遊ばずなりにけるかも（吉井勇）
瀟湘の雁《かり》の涙やおぼろ月（蕪村《ぶそん》）

盛唐《せいとう》の大詩人杜甫《とほ》が、この洞庭湖の東北にある「岳陽楼《がくようろう》」に登って、次のような詩を残しています。

昔聞ク洞庭ノ水　今上ル岳陽楼
呉楚東南ニ坼ケ　乾坤日夜浮ブ
親朋無ク二一字一　老病有リ二孤舟一
戎馬関山ノ北　憑リテレ軒ニ涕泗流ル

昔聞く洞庭《どうてい》の水　今上る岳陽楼《がくようろう》
呉楚《ごそ》東南に坼《ひら》け　乾坤《けんこん》日夜浮《うか》ぶ
親朋《しんぽう》一字無く　老病孤舟《こしゅう》有り
戎馬《じゅうば》関山の北　軒《けん》によりて涕泗《ていし》流る

（杜甫「岳陽楼に登る」）

前半に湖の雄大さを写し、後半急転して自己の悲境に移っていく。さすが詩聖にふさわしい見事なものです。

唐から時代は宋に下って、仁宗《じんそう》の慶暦《けいれき》五年（一〇四五年）にこの詩の舞台となった岳陽楼が修復されて、范仲淹《はんちゅうえん》の「岳陽楼記」が石に刻まれました。范仲淹というのは、しばしば中国を侵した西夏《せいか》（李元昊《りげんこう》の建てた国。チベット系タングート族で、本姓は拓跋《たくばつ》氏）

の大軍から「胸中自《おのずか》ら数万の甲兵《こうへい》あり」と恐れられた武将です。そこに刻まれた文章は、彼の為政者（政治家）としての自分をよく表わしています。

居廟堂之高則憂其民、処江湖之遠則憂其君。是進亦憂、退亦憂。然則何時而楽耶。其必曰「先天下之憂而憂、後天下之楽而楽」歟。

廟堂《びょうどう》の高きに居《お》れば則《すなわ》ち其《そ》の民を憂《うれ》へ、江湖の遠きに処《お》れば則ち其の君を憂ふ。是れ進むも亦《また》憂へ、退くも亦憂ふ。然《しか》らば則ち何《いず》れの時にして楽しまんや。其れ必ず「天下の憂に先だちて憂へ、天下の楽しみに後《おく》れて楽しむ」と曰《い》はんか。

［注］江湖＝在野、民間。　何時＝いつ。
疑問。

「朝廷で高い位にいるときは、天下の人民のことを心配し、官を退いて遠く民間にいるときは、その主君のことを心配する。進むときにも退くときにも心配をする。それならばいつ心を楽しませるのか。きっと『天下人民の心配ごとがあるときは必ず前もって心配し、天下泰平で人民が楽しむときは、人民におくれて楽しむ』のに違いない。」

これは、為政者は民衆が安心して生活できるようになってはじめて楽しむことができるということで、仁者・志士というものは、国家・民衆のことを先にして、自分の楽しみはあとまわしにするものだ、という范仲淹《はんちゅうえん》の心がまえがよく出ている文です。

また、清末に書かれた『官場現形記』という李宝嘉《りほうか》の著書は、為政者・役人のことが詳しく述べられていることで有名です。ちょっとお役人に関する諺《ことわざ》を引いてみましょう。

三年清知府、十万雪花銀。

清廉潔白《せいれんけっぱく》な県知事さんも、三年たつと十万両の銀をためこんでいる。

未レ做レ官、説二千般一、做二了官一、是一般。（未《いま》だ官と做《な》らざるときは、千般《せんぱん》を説き、官に做り了《おわ》れば、是れ一般。［注］未＝再読文字。做＝……となる。作の俗字。）

まだ官職に就かないときには、いろいろと好いことを言うが、官に就くと実行するのは一つ。その一つとは、金もうけに走ることだ。

官官相護。（官と官とは相護《あいまも》る。）官と官とは互いにかばいあう。

どれも今の政治家にも耳の痛いことですね。

水戸藩主・徳川光圀《みつくに》（水戸黄門）は、現在の東京はＪＲ水道橋駅から文京区にかけて水戸家の中屋敷を造り、その庭園を、さきの范仲淹の「岳陽楼記《がくようろうき》」の文にちなんで、「後楽園」と命名しました。これが、いまや野球のメッカ東京ドームです。

光圀は十八歳のとき、『史記』の「伯夷《はくい》伝」を読んで、自分が兄の頼重《よりしげ》をこえて藩主となったことを悔いて、兄の子・綱条《つなえだ》を自分の後嗣《あとつぎ》にし、実子は四国高松の松平家を継がせるようにしました。これぞ「先憂後楽」の精神の現われといっていいでしょう。

この精神が今でも「後楽園」という名に残っているというわけです。

寡《すく な》きを患《うれ》へず、均《ひと》しからざるを患《うれ》ふ

★不公平を憎むことのたとえ。

魯《ろ》の大夫《たいふ》・季孫氏《きそんし》は、魯国の二分の一までを自分の所有としている権力者でした。彼はそれにあきたらず、当時、魯の属国として仕えていた顓臾《せんゆ》という国を征伐して領土を広めようとしたのです。この季孫氏の家臣に、孔子の門人、冉有《ぜんゆう》・子路《しろ》がいました。二人は困って、孔子にその対処をたずねました。

孔子はきっぱりと、「おまえたちはまちがっているぞ。顓臾という国はわが領土内にあって、魯の公室の臣であるぞ。伐つ必要はない。」

すると二人は、「私どもは反対ですが、主人・季孫氏がどうしてもと申します。」

孔子は、「おまえたちはなぜ季孫氏を諫《いさ》めないのか。昔、史官の周任《しゅうじん》の言に『力の限りを尽くしてできないならば、職を辞めよ』とあるぞ。君子は、本心を率直に言わ

ず弁解ばかりする者をにくみ嫌うものだ。」

孔子はさらに続けて、

丘也聞《ク》、「有《たもチ》レ国《ヲ》有《ツ》レ家《ヲ》者《ハ》、不《シテ》レ患《ヘ》レ寡《キヲ》而患《フ》レ不《ルヲ》レ均《シカラ》。不《シテ》レ患《ヘ》レ貧《シキヲ》、而患《フト》レ不《ルヲ》レ安《カラ》。」蓋《シ》均《シケレバ》無《ク》レ貧、和《スレバ》無《ク》レ寡、安《ケレバ》無《シ》レ傾《クコト》。

〈『論語』季子《きし》第十六〉

丘《きゅう》や聞く、「国を有《たも》ち家を有つ者は、寡《すくな》きを患《うれ》へずして均《ひと》しからざるを患ふ。貧しきを患へずして、安からざるを患ふ」と。蓋《けだ》し均しければ貧無く、和すれば寡《か》無く、安ければ傾くこと無し。

「『一国の主君、一家の主人は、人口が少ないことは心配しないが、公平でないことを心配するものだ。貧しいことは心配しないが、人心が安定しないことを心配するものだ。』私はそう聞いている。なぜかというと、公平なら貧しいことはさして問題にならないし、和合していれば、人口の少ないことはさして問題ではない。人心が安定しておれば、国や家が傾きつぶれることはありえないことである。」

こう言って孔子は厳しく二人を戒めたのです。

「寡きを憂へず、均しからざるを憂ふ。貧しきを憂へず、安らかざるを憂ふ。」――この孔子のことばは、政治の基本・要点として古来から伝えられています。この言を聞いて冉有《ぜんゆう》・子路《しろ》は感じ入り、季氏《きし》を諫《いさ》めて軍をおこすことを止めさせたのでしょう、季氏が顓臾《せんゆ》を伐ったという記録はまったくありません。

さてこの季孫氏から数えて七代目に、季康子《きこうし》という人物が大夫《たいふ》となります。この人物が晩年の孔子に政治の要点をたずねました。

「もし無道《むどう》を殺して以《もっ》て有道《ゆうどう》に就《つ》かば何如《いかん》。」

無道というのは悪人、不道徳な人間のことです。つまり、「不道徳な人間は殺してしまって、善人の味方をするというのはどうでしょう」というのです。なんと乱暴で粗雑なたずね方でしょう。これに対して孔子は、

「政治をするのに人民を殺すことは絶対にしてはならないことです。あなたが善を追求なされば人民は自然と善になりましょう。民を治める人の徳は風のようなものです。治められる人民の徳は草のようなものです。その草に風が吹けば、草は必ずなびき伏すものです。」

季康子が為政者として「殺す」なんていうことを平気で口にする、それは自分が無道を行なっているからです。権力者の横暴が、この軽率なことばとなって出たわけです。これに対する孔子の返事――「政をなすに焉《いずく》んぞ殺を用ひんや。子善を欲すれば民善なり。君子の徳は風なり、小人の徳は草なり。草、これに風を加ふれば必ず伏す」は有名なことばとして今日に伝えられています。（論語）

苛《か》政《せい》は虎《とら》よりも猛《たけ》し（猛《もう》なり）

★むごい政治は虎の害よりもひどい（または恐ろしい）。

それでは、むごい為政者が上にいると、どういうことが起きるのでしょうか。

孔子が弟子を連れ、旅の途中、泰山《たいざん》のそばを通った時のことです。女が大声をあげて墓のそばで泣いているのを聞きつけて、子路《しろ》にそのわけをたずねさせました。「何か心配ごとがあって悲しんでいらっしゃるようだが……」

すると女は、ゾッとするような恐ろしいことを申しました。「昔、舅《しゅうと》が虎に食い殺されました。次に夫が食い殺されました。そしてこんどは私の子どもが食い殺されたのです。」

孔子はやさしく、「それではなぜ、こんな人喰い虎のいるところから逃げないのか。」

女はすぐに、「ここはお上《かみ》がむごいことをなさらないんです」と。

孔子は、しみじみと弟子たちに、「むごい政治は虎よりも恐ろしいことだ。おまえたちもいずれは国の政《まつりごと》に携《たずさ》わる身じゃ。この婦人のことばをくれぐれも忘れるでないぞ」といって、自分自身もこの婦人のことばをかみしめ、味わっているようでした。

「昔者吾《ガ》舅死《シ》二於虎《ニ》一、吾《ガ》夫又死《ス》焉。今吾《ガ》子又死《ス》焉。」夫子曰《ク》「何為《レゾ》不《ルト》レ去《ラ》也。」曰《ク》「無《シト》二苛政一。」夫子曰《ク》「小子識《セ》レ之《ヲ》。苛政《ハ》猛《シト》二於虎《ヨリモ》一也。」

〈『礼記《らいき》』檀弓下《だんぐうか》篇《へん》〉

「昔者吾《むかしわ》が舅《しゅうと》虎に死し、吾が夫又死す。今吾が子又死す。」夫子《ふうし》曰《いわ》く「何為《なんす》れぞ去らざる」と。曰く「苛政《かせい》無し」と。夫子曰く「小子之《これ》を識《しる》せ。苛政は虎よりも猛《たけ》し」と。

［注］於＝原因、比較（八六頁参照）。焉＝語気詞。断定。何為《レゾ》不《ル》二――一＝なぜ――しないのか。

「苛政は虎よりも猛し。」政治家を志す方々はじゅうぶん味わってください。第二次大戦から戦後にかけてあまりにもひどい「お上の苛政」を経験しましたから。

この話の後日談として、唐の文豪、柳宗元《りゅうそうげん》が永州（湘南《しょうなん》一帯）の司馬の職（唐八州の長官を補佐して軍事を司《つかさど》る）にあったとき経験したことを述べた「捕蛇者説《ほだしゃのせつ》」と題する文があります。それによると、永州に独特の猛毒をもつ蛇がいました。それは真っ黒で、白のしま模様があって、草木に触れると草木は枯れてしまうし、人を咬《か》むとすぐ死んでしまうという恐ろしい蛇です。これが孔子のことばに出た虎にあたります。ところがこの蛇は、中風《ちゅうぶう》・関節炎・腫物《はれもの》・不治の病などに特効があるのです。そこで昔から政府は税金を免除してこの毒蛇を捕えさせていました。その蛇捕りの名人が柳司馬《りゅうしば》に悲痛な面持ちで、

「私の祖父は蛇を捕えようとして誤って死に、父もこの仕事のために死に、私も蛇を捕える職に就いて十二年。その間には、何度も死にそうになりました。いずれは咬み殺されるでしょう。」

これには柳先生びっくりして、

「それでは蛇捕りの仕事を他の職にかえてやろう。」

するとその蛇捕りが涙をうかべて、

「とんでもないことです、この命がけの危険な仕事よりも、もとどおり租税を納めることの方が、どれだけ苦痛かわかりません。蛇捕りの方がずっとましでございます。たとえ毒に触れて死んだとしても、村里の人々が租税に苦しんで死んでいくのに比べたら、すでに死ぬことがずっと遅れております。この仕事を苦痛だなんて思うものではございません。」

と切々と訴えました。

柳先生はこれに続けて、「これまで私は孔子がいわれた『苛政は虎よりも猛し』についで疑念をもっていたが、蛇捕りの話を聞いて真実であることを知った」と述べ、最後に、「重税の害毒が、この蛇の毒よりずっと恐ろしいものであることを誰一人としてわかっていない」と文を結んでいます。

（礼記）（唐宋八家文）

上下《しょうか》交々《こもごも》利をとれば国危《あやう》し

★上の者も下の者も、人々が皆、自分の利益だけを考えて行動するならその国の存立が危なくなる。

『孟子《もうし》』の開巻トップに躍り出てくるのは利益のことです。

孟子が、梁《りょう》の恵《けい》王にお目通りするやいなや王は、

「はるばる遠い所からやって来たというのは、我が国になにか利益を与えてくださるのか。」

孟子は言下に、

「王はどうしたら自分の国に利益が増えるか、大夫《たいふ》はどうやって家（大夫の領地）の利益を増やそうか、士《し》や庶民はどうやって自分の身に利益を増やそうか、そんなぐあいに上の者も下の者も互いに利益を得ようとしたならば、国は滅亡の危険にさらされてしまいます」と。

王ハ曰ヒ何ヲ以テ利セント吾ガ国ヲ、大夫ハ曰ヒ何ヲ以テ利セント吾ガ家ヲ、士庶人ハ曰ヒ何ヲ以テ利セント吾ガ身ヲ、上下交〻征《と》レバ利ヲ、而国危シ矣。

〈『孟子《もうし》』梁恵王上〉

王は何を以《もっ》て、吾《わ》が国を利せんと曰《い》ひ、大夫《たいふ》は何を以て吾が家を利せんと曰ひ、士庶人《ししょじん》は何を以て吾が身を利せんと曰ひ、上下交〻《しょうかこもごも》利を征《と》れば、国危《あやう》し。

［注］**大夫**＝天子・侯《こう》の家臣は卿《けい》・大夫《たいふ》・士《し》に分かれ、大夫は家老職にあたる。
交〻＝こもごも、互いに。

孟子はさらに続けて、「戦車一万台を保有する大国の君主を殺す者は、千台の戦車を保有する大夫です。その千台を保有する主人を殺す者は、必ず戦車百台を保有する大夫にちがいありません。『義』というものをあとまわしにして利益をまっさきに考えるならば、主君のものをすべて奪わなければ気がすまないということになります。王たる者は仁義のみを考えるべきで、利益などに心を使う必要はまったくありません。」

孟子は、諸侯が倫理道徳を捨てて経済を優先・強調し、利益追求のみに走るのを警戒したわけです。これは現代社会への批判としても、耳を貸すべきところがありますね。

孟子は、「いつも善に心がけ、善を求めようとするのが君子であり、いつもいつも利益をねらい求めようとするのは盗人である。君子と盗人の区別はほかでもない、善を求めるか利益を求めるかである」とも言いきっております。

かといって孟子は、経済的・物質的条件をすべて排して精神主義を唱えたわけではありません。彼はモラルの基礎を人民の生活の安定に求め、孟子の思想は、時代は下って中国の革命思想の礎《いしずえ》ともなっていきます。

孟子は斉《せい》の宣《せん》王にこう言いました。「王が自分の手足と同じように臣民を愛せば、臣民も自分の腹のように主君を愛します。主君が臣民を犬馬のように使えば、臣民は主君を通りすがりの人と同じように見、王が臣民を塵《ちり》あくたのように扱えば、臣民も王を仇《かたき》のように忌《い》みきらうでしょう。」

孟子は、君臣の間も相互的なもので、君主の態度や待遇によって、臣民の態度にも差が生じていくのは当然であるということを述べたのです。

また、こうも言いました。

「民を貴しと為し、社稷《しやしよく》之に次ぎ、君を軽しと為す。」(民為レ貴、社稷次レ之、君為レ軽)

つまり孟子は、国家において民こそが最も貴重なものであって、土地の神・穀物の神がその次で、君主は一番軽いものであると喝破したのです。

これは君主にとっては一大事、危険思想です。江戸時代、国学者たちはこれを批判し、わが本居宣長《もとおりのりなが》もおおいに憤りました。『玉勝間《たまかつま》』には孟子のそれぞれの言について次のように述べられています。

宣王への進言については、「この一章をもて孟軻《もうか》(軻は孟子の名)が大悪をさとるべし。これは君たる人に教へたる語とはいひながら、あまり口にまかせたる悪言なり。この書、人の臣たらんものの見るべき書にあらず。臣たる人に不忠不義を教へたるものなり。その国を去《さり》てその君かへり見ずとて、これを寇讎《あだかたき》とはいかでかせん。いはんかたもなき悪言なり。おそるべしおそるべし。」

また、「民を貴しと……」については、「甚しき云過《いい》ごしの悪言なり。かくて孟子終篇、ただ親に孝なるべき事のみをしばしばいひて、君に忠なるべき事をいへること一つも無し」と、悪口雑言をしました。

さて、古代の孟子と近世の本居宣長と、後の時代はどちらに味方したでしょうか。(孟子)

恒産《こうさん》なき者は恒心《こうしん》なし

★一定の収入がない者は道義心がない。ゆえに、モラルのある社会をつくるためには経済生活の安定が必要である。

孟子は、論評・比喩《ひゆ》を宝石のように巧みにちりばめて、物凄い迫力と話術で、人々の生活の安定こそが肝要なのだと、時の為政者に説きました。

有ル二恒産一者ハ有リ二恒心一。無キ二
恒産一者ハ無シ二恒心一。苟クモ無ケレバ二
恒心一、放辟邪侈、無キレ不ルレ
為サ已《のみ》。及ンデレ陥ルニ二乎罪一、然ル後

恒産有る者は恒心有り。恒産無き者は恒心無し。苟《いや》くも恒心無ければ、放辟邪《ほうへきじゃ》侈《し》、為さざる無きのみ。罪に陥《おちい》るに及んで、然《しか》る後《のち》従つて之を刑《けい》す。是れ民を罔《あみ》するなり。

［注］放辟邪侈＝きまま、よこしま。無シレ

従ツテ而刑スレ之ヲ。是レ罔スルレ民ヲ也。
〈『孟子』恵梁王上〉

不ル(ハ)レ——＝二重否定。肯定になる。已＝断定。罔レ民＝民を刑罰の網の中に追い込む。

　ここで「恒《こう》」とは常・不変の意味で、恒産とは一定の収入、恒心とは一定して変わらない心、つまりモラルという意味になります。孟子は、人の道にかなった暮らしを送るためには、経済生活の安定が絶対に必要だと説いたのです。それをしないでおいて罪を犯したからといって罰を与えるのは、人民をいたずらに刑罰の網の中に追いこむに等しい、と。

　そして孟子は根本的経済政策として、井田制《せいでんせい》という土地制度とその活用を説きました。これはたぶん原始共産的なものであったようです。次に孟子は学校を設けて、家庭および社会にモラルを教えるという政策を提案しました。

　そして説いたのが、孟子が斉の宣王に答えて言った、

「天子といえども仁義を害《そこな》う者は一匹夫《ひっぷ》である。天子ではない。弑《しい》してもよろしい」

という、有名な中国革命思想の根本となる議論です。弑すとは、臣が主君を、子が親

を殺すことです。つまり、たとえ天子といえども道にはずれているのなら殺してもいい、というのです。この伝でいけば、人民が苦しんでいるのなら革命は当然ですね。

これは、中国の革命・民意尊重を述べたという点で不朽の大文字《だいもんじ》と言われています。

孟子はまた次のように喝破しました。

「皇帝にお仕えして、皇帝のために領土を増やし、国庫を豊かにしたと、したり顔をしている。その忠臣とは、すべて人民の敵である。」

これは、皇帝・主君のためばかりを考えて民衆の声を聞かず、富国強兵にのみ走れば必ず破綻をきたすことを戒めたものです。

「民の声は神の声」とは同じく共産主義革命を経験したロシアのトルストイのことばです。

中国では孟子のことを「亜聖《あせい》」といいます。亜は次ぐの意で、聖人に次ぐ人という意味です。孟子の墓にも「亜聖の墓」と刻んでありましたよ。

(孟子)

白虹《はっこう》、日《ひ》を貫《つらぬ》く

★白色の虹が太陽をつきとおす。天が人の誠に感じてあらわす現象。
★白虹は兵、日は君主で、君主が難にあうきざし。

のちに始皇帝となる秦王《しん》が、魏《ぎ》の襄王《じょう》の弟・安陵君《あんりょうくん》に使者をやって、「五十里の安陵と五百里の土地を交換してくれ」と権柄《けんぺい》ずくに申し入れました。

すると安陵君は、「安陵の地は先王から受け継いだもの、お断り申す。」

この返事とともに唐且《とうしょ》を秦に遣わしたのです。秦王は、

「五百里の広大な地と安陵との交換を拒むのはどういう理由か。我は韓《かん》・魏の大国を滅亡させたのに、五十里の安陵を存在させてやったのは、安陵君を有徳者とみなしたからだ。安陵君が私の申し出を拒むのは、我を軽んじてのことか。」

唐且は、「安陵君は先王に拝受した地を守りたいだけです。他意はありません。」

秦王は激怒して、「おまえは天子の怒りというものを聞いたことがあるか。」

「聞いたことはありません。」

「天子の怒りは、伏屍《ふくし》百万、流血千里の惨状となるぞ。」

すると唐且は「布衣《ふい》（無位無官の者）の怒りをごぞんじか。」

秦王は冷笑して、「布衣の如きは、冠をとって裸足《はだし》になり、頭を地にすりつけるだけだ。」

ところが唐且がいうに、「それは凡夫の怒りである。布衣の怒りには天が味方についている。たとえば刺客（殺し屋）の専諸《せんしょ》が呉《ご》王を刺さんとするや、彗星《すいせい》が月を襲い、また刺客・聶政《じょうせい》が韓の相傀《しょうかい》を刺さんとするや、白虹《はっこう》が太陽を貫き、要離《ようり》が呉王の王子・慶忌《けいき》を刺さんとするや、青白い鷹が宮殿に飛びこんだ。この三者は無位無官の布衣でありますぞ。このような時、いずれも瑞兆《ずいちょう》天より降って布衣を守った。私がこれに加わると四人になります。布衣の怒りは自分の命を捨てて、五歩のうちに王を刺すことができますぞ。」

言いおわると唐且は突如、剣を抜いて仁王立《におうだ》ちに立ちあがりました。その勢いに秦王は顔色を変えてひれふしたのです。そして、「先生のような方がおいでになればこそ、五十里の小国を有《たも》つことができるということがよくわかりました」と。

秦王は、布衣の恐ろしさを切実に知ったのです。

ここにでてくる「白虹日を貫く」のことばが日本全国に爆発的に広まったことがあります。いわゆる「米騒動」の時です。一九一八年（大正七年）八月、それまで一石あたり十七、八円だった米価が、急に三十円近くになったのです。これは、シベリア出兵を見越して、米穀商・地主たちが、投機のため、米を買いしめたのが原因です。この時、富山湾一帯の女性たちが町じゅうの米屋・大邸宅を襲いました。これが「越中の女一揆《いっき》」と報じられ、困窮者の救済要求運動は全国に飛火して、九月中旬にようやく騒ぎが鎮静するまでに、この騒動は三十八市・百五十三町・百七十七村に及び、そのうち検挙者は二万五千人、死刑二名、無期懲役十二名、有期刑五十九名の判決が下りました。

この時、東京・大阪の朝日新聞は、寺内内閣の言論弾圧・軍国政策を攻撃し、また政府の米騒動関連の記事差し止めに対し、関西新聞通信社大会で、内閣退陣要求を可決しました。これを大阪朝日新聞の夕刊が社会面トップで報じた記事中、「白虹、日を貫けり」という字句があったのが問題になったのです。当局はこれを「朝憲紊乱《びんらん》罪」の適用にあたるとし、発売禁止の処置をとりました。また、村山朝日新聞社社長が国粋主義の団体・黒竜会《こくりゅう》会員に襲われる事件も起こりました。こうして白虹事件の結末は、社長・村山竜平辞任、長谷川如是閑《はせがわにょぜかん》社会部長と大山郁夫《いくお》論説委員退社等々で、決着がはかられたのです。

「白虹、日を貫く」の句に、当局は、弾圧を加える千載一遇のチャンスとばかり飛びついたんですね。その後、九月二十一日、首相・寺内正毅《まさたけ》は辞任、憲政史上初の爵位なしの原敬《はらたかし》が首相となり、「米騒動」が生んだ「平民宰相《さいしょう》」と歓迎されたのです。これも布衣《ふい》の怒りの結果でしょうか。

（戦国策）

父母の愛、もって子を教ふるに足らず

★両親の愛情なんかでは、子供を教育することはできない。人を導くのは厳しい刑罰のみである。

この句を見て読者の方はちょっとショックをお受けになったのではないでしょうか。

これは、中国の戦国時代、辛辣《しんらつ》に人間の本性をえぐり出して、法家の第一人者として秦《しん》大帝国を誕生させたといっても過言ではない天才的な思想家、姓は韓《かん》、名は非《ひ》、これに尊称の子《し》をつけて、韓非子《かんぴし》（？—紀元前二三三年）と呼ばれた人物のことばです。

彼は韓の庶公子《しょこうし》でしたが、生母の身分が卑しいために、いわゆる冷や飯食いの部屋住みの身分です。大学者の荀子《じゅんし》の下について学びましたが、その時、秦の始皇帝の宰《さい》相《しょう》となった李斯《りし》が同期生でした。そしてまた韓非は吃音《きつおん》で、自由に話ができませんでした。

韓非は、父の韓王・安《あん》にしばしば書を奉ったのですが、奸臣《かんしん》にはばまれて見むきも

されませんでした。じつはこの書こそ、なんと後世、マキャベリズムとして世に喧伝《けんでん》された思想を、ニッコロ・マキャベリに先んずること一八〇〇年、あわせて富国強兵、刑名法術《けいめいほうじゅつ》（後述）の実践論を展開したものだったのですが。

それは皮肉にも、ぜひとも読んでもらいたかった父・韓王ではなくて、秦王・政《せい》（のちの始皇帝）の目にとまりました。それも、

「この書物の著者と親しく話しあうことができたら、死んでも後悔することはない。」

というほどの感激ぶりだったのです。

そこで政の宰相である李斯は、「韓王は私と韓非が荀子《じゅんし》の同門であることを知っていますので、韓を攻撃なされば、韓王はきっと韓非を講和の使者として遣わすはずでございます」と進言しました。

そこで政が韓を攻めますと、はたして韓非を派遣してきました。政はたいへんな喜びようで、あつくもてなし、韓非の、吃音で不自由なことばに、熱心に耳を傾けたのです。

韓非は、「人間は本質的に悪の塊りで、道徳とか礼とか正義とかは信じない。人間はただ利欲のみを求める。したがって賞罰のみが、人間を操縦するカギである」とし

て、賞罰で人間をあやつり、たいへん厳しい法律によって国を統治する「刑名法術」「信賞必罰」を説きました。

ここで刑名の「刑」は形のことで、実際の行動をさし、一方「名」は、口で言うことば、つまり行動と発言が一致するかしないかによって賞罰が発動される制度です。

これをもう少し具体的に言うと、たとえば洪水を防ぐための堤防を築くことになったとします。このとき担当者が、そのためには予算が五百万金かかります、と言ったとすると、これが結果として六百万金かかった時はもちろん、予想よりも安く、四百五十万金であがった場合でも、担当者は罰せられるべきだ、という考え方なのです。

一方、「信賞必罰」の方もたいへん厳密なもので、教科書にもよく載っている有名な話があります。

ある時、韓の昭公が庭でうたたねをしました。これに気づいた典冠《てんかん》（冠を調える係）が、風邪をひくといけないというので、上着を一枚かけてさしあげたのです。すると目をさました昭公は、自分の役割をじゅうぶんに果たさなかったとして典衣（衣服を調える係）に罰を与えました。そして同時に、自分の職分を超えたことをしたというので、典冠にも罰を与えたのです。

このように韓非子には臨機応変・情状酌量ということがありません。ほんとうに厳密な意味での法治主義です。物事を判断するにあたっては、厳しい共通の基準（法律）が必要で、天子といえどもそれを勝手に解釈したり、その時々によって運用を変えたりしてはならない――それが肝要な点で、法律が絶対なのです。

冒頭にひいた「父母の愛……」の句も、こうした考えからでてきたものです。その前後の原文を訓読してみると、

「今不才の子有り。父母之を怒るも為に改めず、郷人《きょうじん》之を譙《せ》むるも、為に動かず、師長之を教ふるも為に変ぜず。……州郡の吏《り》、官兵を操《と》り、公法を推して、姦人《かんじん》を求索《きゅうさく》すれば、然《しか》る後恐懼《きょうく》して其の節を変じ、其の行を易《か》ふ。故に父母の愛、以て子を教ふるに足らず。」

つまり、不良の子がいて、親が叱っても、村の長《おさ》が責めても、先生のお説教もなんの役にも立たなかった。ところがお役人が官兵をひきつれて法をおしたてて悪人を取り締まりにくると、不良の子も恐れふるえあがって、心を改めてまじめになった。だから親の愛よりも、公の厳しい刑罰にたよるべきである。

人民というやつは、愛を示すと増長し、威厳でおどすと小さくなるものだ。――と

いうのです。

わが国の作家、下村湖人も、「人間の社会に法律があるということは、人間にその法律を破るような性質が本来備わっているということの何よりの証拠である」と述べています。

しかし、このような画期的な説を説いた韓非子ですが、このことは彼自身にはあまりいい結果をもたらしませんでした。あまりにも新鮮で巧妙な韓非の国家統治術に、宰相・李斯は自分の地位を奪われる恐れがあると考えて、こんどは韓非が韓のスパイであることを強調し、政に中傷・讒言《ざんげん》、ついに獄につないだのです。これを不審に思い、政が赦免《しゃめん》の使いを出しましたが、使いの到着寸前に、李斯は毒をおくって韓非を自殺に追いこんでしまいました（紀元前二三三年）。

これについて司馬遷《しばせん》は、韓非自身、自分の考えを他人に説くことの困難さを述べた「説難《ぜいなん》」を書いていながら、自ら禍いを逃れることができなかったことを悲しく思うのみと書いています。

しかし、韓非を自殺に追いやった李斯も後年、宦官《かんがん》の趙高《ちょうこう》のために、二世皇帝に中傷・誣告《ぶこく》されて、五刑を具《そな》えた腰斬《ようざん》の刑に処せられました。

五刑とは、鼻を切り落とし、耳を切り、舌を切断し、胴体を鞭《むち》うって、腰と胴を真っ二つに切り離して、秦の都・咸陽《かんよう》のどまんなかにさらしものにする刑です。彼は、自分の子供たちに「汝《なんじ》らともう一度、あの黄犬を連れ、兎《うさぎ》を追いに行きたかったなあ」と言って、父子ともに声をあげて泣いたと『史記』にあります。

また、司馬遷は、韓非の列伝の最後に「韓非は、墨縄《すみなわ》を引いたように法律を重視して理非曲直を正したが、その結果は残酷で人間味に欠けている」と述べています。

さて、みなさんはどう思われるでしょう。やはりちょっと厳しすぎるな、と思われたのではないでしょうか。とはいえ、物事の判断の基準、一定の法を持つことの重要さについては、ほかにも中国の古典に次のようなことばがあります。

聖人既ニ竭クシ二目力ヲ一焉、継グニレ之ニ
以テシ二規矩準縄ヲ一、以テ為ス二
方円平直ヲ一。〈『孟子』離婁《りろう》〉
非ザレバ二規矩ニ一不レ能ハレ定ムル二方円ヲ一、

聖人《せいじん》既《すで》に目力《もくりよく》を竭《つ》くし、之《これ》に継《つ》ぐに規《き》矩準縄《くじゆんじよう》を以《もつ》てし、以て方円平直《ほうえんへいちよく》を為《な》す。

[注] 竭二目力一=目の力をすべて出して。

焉=語気詞。読まない。

規矩に非《あら》ざれば方円《ほうえん》を定《さだ》むる能《あた》はず、

非ザレバ二準縄ニ一不レ能ハレ正スニ曲直ヲ一。
〈『淮南子《えなんじ》』説林訓《ぜいりんくん》〉

準縄に非《あら》ざれば曲直《きょくちょく》を正《ただ》す能《あた》はず。

ここで「規」はコンパスで、「円」を描く道具、「矩」はさしがね（大工さんが今でも使用している、先の部分が直角に曲がった金属製のものさし）で「方」（正方形）を描く道具、「準」はみずもり（水準器）で、「平」（水平）を測る道具、「縄」は墨縄で、「直」（直線）を描く道具。つまり、「規矩準縄」ということばは、一定の基準となる法律・法則・標準・手本を表わします。

聖人は、自分の眼力を十分につくした上で、さらに規矩準縄を用いて、方円平直をつくる。また、善悪の基準、ものさしがはっきりしていなくては、よいことをすることもできないし、悪いことを正すこともできないということですね。

それでは最後に、孔子が政治について語ったことばを、もう一つあげておきましょう。

道クニレ之ヲ以テシレ政ヲ、斉フルニレ之ヲ以テスレバレ刑ヲ、
民免レテ而無シレ恥ヅルコト。

〈『論語』為政第二〉

之を道《みちび》くに政を以てし、之を斉《ととの》ふるに刑を以てすれば、民免《まぬか》れて恥づることなし。

［注］之＝人民。道＝導、治める。政＝法律・政令。斉＝そろえる、統一する。免＝法網《ほうもう》をすりぬける。

「民を治めるのに法律・政令を用い、従わない者を刑罰で規制したならば、民は法の網をすりぬけることばかりを考えて、少しも恥ずかしいと思わないだろう。」

みなさんもちょっと考えてみてください。

学問

老驥櫪ニ伏ストモ志千里ニ在リ

学びて時に之《これ》を習ふ、亦説《またよろこ》ばしからずや

★学問の喜びを述べた、『論語』の最初のことば。

『論語』開巻第一ページ、第一行の文です。一言でいいますと、学問の楽しみを述べたものです。孔子のいう学問は、知識を高めるだけではありません。修養を重ね、人格をみがいて、君子人《くんしじん》となることです。『論語』の編集者は、論語全体の構成を考えたうえで、この孔子のことばを冒頭《ぼうとう》に置いたと思われます。ここから、

「語が簡潔で意の深長なのはすべて古人の文章の妙味であって必ずしも『論語』ばかりの特色でもない。しかし、あの淡々として澄明《ちょうめい》に冴えた文致《ぶんち》は、秋江の水天《すいてん》の浄《じょう》として憐れむに堪《た》えたものに接するの思《おもい》のあるのは、古代中国の文章特有の美点であろう。そうして『論語』に於《おい》てその極致を見る。」

と佐藤春夫が述べ嘆じた文が始まるわけです。

学ビテ而時ニ習フレ之ヲ、不ニ亦説バシカラ一乎。有リレ朋自リニ遠方一来タル、不ニ亦楽シカラ一乎。人不シテレ知ラ而不レ慍ラ、不ニ亦君子ナラ一乎。

〈『論語』〉

学びて時に之《これ》を習ふ、亦説《またよろこ》ばしからずや。朋《とも》有り遠方より来たる、亦楽しからずや。人知らずして慍《いきどお》らず、亦君子ならずや。

［注］時＝機会あるごとに。　習＝復習して身につける。　不ニ亦――一乎＝詠嘆。なんと――ではないか。　朋＝同じ師についている友人。

「学んでは、チャンスを見つけて復習し、わきあがるような喜びを噛《か》みしめる、これが最高のよろこびである。学びの友がはるか訪ねてくる、もう楽しいったらない。自分の偉さを人が知ってくれなくても、べつにどうってことはない。それでこそ真の教養人だ。」

ここで、学ぶというのは、いわゆる「勉強」ではありません。六芸《りくげい》です。礼・楽・射・御（馬車を御する術）・書・数のことです。そしてそれを教えるときに使うテキストは、ニーチェが「血をもって書け」と叫んだ通り、孔子が身を刻む思いで集大成したものが多いのです。その風聞を伝え聞いて、孔子の生れ故郷である地元の魯《ろ》からはもちろん、斉《せい》から、衛《えい》から、陳《ちん》からと、弟子が続々集まってきました。「弟子三千、身六芸に通ずる者七十余人」とあります。孔子のいう「学んで厭《いと》はず、人を教へて倦《う》まず」の努力の結果です。中国開闢《かいびやく》以来、初めての塾です。身分の上下も何もない純粋な学び舎《や》です。弟子たちは、理想は天に、足は地にと精進しました。「中国の哲《てつ》言《げん》は、一字一句が珠玉《しゆぎよく》のごとく、また夜光の宝石のごとく、ただ一つのことばで万世に輝くことができる」と林語堂《りんごどう》が述べた通りに、子の講義は温かく、やさしく、そして厳しく説かれました。

孔子は、時には命の危険をも顧《かえり》みず、教えを説きましたが、志は報いられませんでした。どの君主も、孔子を重く用いることはなかったのです。

「学びて時に……」も、「人知らずして慍《いきどお》らず」と哀調こもることばで一章が結ばれています。あるいはほんとうに、評価され召しかかえられることなどどうでもいいという、白玉の潤いにもたとえられる清らかな勝利のことばのようにも聞こえますが。
この一章を「小論語」と大儒《たいじゅ》・伊藤仁斎《いとうじんさい》は記しています。論語のエッセンスということですね。それでは、『論語』二十篇の最後の文をみましょう。

不レバレ知ラレ命ヲ、無シ三以テ為ル二君子一也。
不レバレ知ラレ礼ヲ、無シ二以テ立ツ一也。
不レバレ知ラレ言ヲ、無シ二以テ知ル一レ人ヲ也。

命《めい》を知らざれば、以《もっ》て君子為《た》る無し。礼《れい》を知らざれば、以て立つ無し。言を知らざれば、以て人を知る無し。

［注］礼＝社会生活の秩序・慣習のこと。

「天命が理解できなければ、すぐれた為政者とはいえない。礼が理解できなければ、りっぱな社会人としてしっかり立ってゆけない。ことばの意味を理解できなければ、人がどんな人物であるか理解できない。言語そのものが人格の表現だから。」
この章は、『論語』最初の第一章と趣旨が相応じています。荻生徂《おぎゅうそ》徠《らい》もはっきりと、編集者の意思であると言いきっています。「学而時習レ之」は、学識はもちろん「社会生活の秩序・慣習」「人格の表現である言語」を学ぶことで、「人不レ知而不レ慍」は、わかります。

「天命を理解する」ことを学ぶということですね。首尾一貫していることがはっきり

『論語』について、北宋の大学者・程伊川《ていいせん》が、「『論語』を読んで、何の感動もない人もいる。また、読み終わって、その中の一、二句を喜ぶ人、または『論語』が好きになったという人、または嬉《うれ》しくて、嬉しくて、手の舞い、足の踏む所を知らず、楽しくてたまらないという人がいる」と『論語集注』序文に述べています。その人の人生経験、学識・器量に応じて、『論語』はその人に響いてくるという意味でしょう。

「学問は綱渡りや皿回しとは違う。芸を覚えるのは末のことである。人間ができ上がるのが目的である」とは夏目漱石のことばです。

（論語）

憤《ふん》せずんば啓《けい》せず

★相手が学ぼうとしてやっきになった時でなければ教えてやらない（そうでなければ教えても身につかない）。

『論語』述而篇《じゅつじへん》に、孔子の教育方法がはっきりと示された有名なことばがあります。それは、どこまでも学ぶ者の自発的活動がなければならないとすることです。これを「啓発主義」といいます。孔子は、次のように言います。

不ンバレ憤セ不レ啓セ。不ンバレ悱《ひ》セ不レ発セ。挙ゲテ二一隅ヲ一、不レバ下以テ二三隅ヲ一反《かえ》ラ上、則チ不ルレ復ビセ也。

〈『論語』述而〉

憤《ふん》せずんば啓《けい》せず、悱《ひ》せずんば発《はっ》せず。一隅《いちぐう》を挙《あ》げて、三隅《さんぐう》を以《もっ》て反《かえ》らざれば、則《すなわ》ち復《ふたた》びせざるなり。

［注］不二復――一＝二度と――しない。部分否定。復不二――一は、今度も――しない

一の意で全部否定。

「憤」とは、いきどおる、かっといきりたつ、やっきとなる。「啓」とは、ひらく、人の目をひらいて物事を理解させる。「悱」とは、いらだつ、いらいらする。ここでは、口まで出かかっているが出ないでいらいらする。「発」はことばを十分に発すること。「挙一隅……」とは、一つの隅をとりあげると、他の三つの隅をも類推して相手に答えることです。

つまり、「答えが出そうで出ないでいらいらし、やっきとなっている、そこまでいかなければ、私は教えてやらない。口からいまにも出そうだが、なかなか出ないで、口をもぐもぐしていらだっている、そこまでいかなければ、私は教えない。私がちょっとヒントを与えれば、パッと答えが出てくる、そこまでいかなければ、二度と教えることはしない。」

以上でみなさんおわかりでしょう。

「憤発する」「発憤」「啓発」などのことばは、この文から出たものです。孔子は、弟子に対して、気持ちの高まり、情熱の沸騰を待って、ヒントを与えるのです。すると問題はさらっとほぐれて、その感激は生涯忘れることができないほどです。

孔子の教育は啓発主義の教育です。孔子の自画像ともいわれる文にも、その啓発主義がよく表現されています。

ある時、今の河南省葉《しょう》県の君主・葉公が、孔子の弟子の子路《しろ》に、孔子の人柄をたずねました。すると子路はその問いに何の返事もしなかったのです。子路は、偉大なわが師を一言でどう述べてよいか、どう答えてよいか、迷ったのでしょう。子路はそのことを孔子に話しました。すると孔子は、

女《なんじ》奚《なんゾ》不《ル》レ曰《ハ》、「其《ノ》為《リ》レ人《ト》也、
発《シテハ》レ憤《ヲ》忘《レ》レ食《ヲ》、楽《シミテ》以《テ》忘《レ》レ憂《ヲ》、
不《ト》レ知《ラ》ニ老《ノ》将《ニ》《ルヲ》レ至《ラント》云《フト》レ爾《カ》。」

〈『論語』〉

女奚《なんじなん》ぞ曰《い》はざる、「其《そ》の人と為《な》りや、憤《ふん》を発しては食を忘れ、楽しみて以《もっ》て憂《うれい》を忘れ、老《おい》の将《まさ》に至らんとするを知らずと爾《し》か云《い》ふ」と。

[注] 奚不《ゾル》＝何不・盍不と同じ。どうして──しないのか。疑問・勧誘。将《まさニ》《す》＝未来

「おまえはどうしてこう言わなかったのか。その人物は学問に熱中しており、わからないことがあるといらだち、憤りを発して食事も忘れるくらい。また、道を楽しみ正しい生き方をしているうちに心配ごとも忘れてしまい、やがて老境に入ろうとしているのにも気づかないありさまだ、と。」

孔子の求道、学問への努力と熱意がよくうかがえる、まさに自画像ともいうべき文です。そしてもう一つ、『論語』から孔子の啓発教育の例文をあげましょう。

不ル㆑曰ハ㆓如㆑之ヲ何セン、如㆑之ヲ何セント㆒者ハ、吾末《なキ》㆓如㆑之ヲ何トモスルコト㆒也已矣。

〈『論語』衛霊公第十五〉

を示す再読文字。**云㆑爾**＝以上の如《ごと》しの意。文末につく慣用語。強調。

之《これ》を如何《いかん》せん、之を如何せんと曰《い》はざる者は、吾《われ》之を如何ともすること末《な》きのみ。

［注］**如何**＝手段・方法・処置を問う疑問詞。**也已矣**＝三文字で「のみ」、断定、限

一定を示す。

孔子が言うに「これをいったいどうすればいいんだろう、どうすればいいんだろう、と悩まないような、不熱心で自分で苦しまない者は、私にもどうにもしようがない」と。

「これをいかんせん、これをいかんせん」と二つ重ねたのは、いらいらしてもどかしい思いをする、つまり苦慮煩悶するさまを表わしています。弟子がこういう状態になってはじめて、そこにぴたっとしたヒントなり解決法なりを与える孔子の啓発教育がよくわかります。

ずいぶん最近の人になりますが、スイスの大教育者ペスタロッチ（一七四六―一八二七）がひいた有名な諺《ことわざ》に「馬を川のほとりまで連れてゆくことはできる。しかし、その水を飲もうとしない馬に水を飲ませることはできない」(You may lead a horse to the water, but you cannot make him drink.) というのがあります。

英文解釈などでよくでてくるので、みなさんもよくごぞんじでしょう。

他《た》山《ざん》の石

★他人のことを参考にして、自分の学問・人格をみがくのに役立てること。
★どんなことでも、自分の反省・修養の役に立つということのたとえ。

「他山の石」とは、『詩経』の中にあることばです。『詩経』は中国最古の詩集でもあり、世界的にも最古の詩集の一つです。紀元前十一世紀ごろから紀元前七世紀の詩三百五篇が収められています。およそ二千七百年前、周室が洛邑《らくゆう》（洛陽《らくよう》）に都を遷《うつ》したその前後のものが一番多く、古いものは三千年以上前のものです。

孔子は詩を学ぶことによって人としての深い情を洞察できるとして、これを門弟の教育におおいに活用しました。

孔子のことばに「詩三百、一言以《もっ》て之を蔽《おお》へば、曰《いわ》く、『思《おもい》邪《よこしま》無し』」（詩三百、一言以蔽レ之、曰、「思無レ邪」）というのがあります。

つまり孔子は、『詩経』三百余篇には、一言でいえば真心が溢《あふ》れている、と評したのです。

「思《おもい》邪《よこしま》無し」——このことばは有名になりました。つまるところ『詩経』全篇が「純粋」だということになりますね。

「他山の石」が出ているのは次のような詩句です。『詩経』鶴鳴篇《かくめいへん》にこうあります。


他山之石可シ二以テ為スレ錯ト　　他山の石以て錯《そ》と為すべし。

他山之石可シ二以テ攻ムレ玉ヲ　　他山の石以て玉を攻《おさ》むべし。


「他山の石でもやすりとなって、石を磨くのに役立つであろう。

他の山の石でも玉を磨くのに役立つであろう。」

つまり、他人のちょっとしたことばや動作も、自分の知識や人格を向上させるのに役立つという意味になりました。「攻玉」とは、「玉を攻む」と読んで、玉を磨き、加工をする意味で、学問・知徳を研究し、修養することに用います。「攻玉社《こうぎょくしゃ》」という高校もあります。

私にとっての「他山の石」というのは何なんだろう、と考えてみますと、私は若年のころ『十八史略』に凝ったことがあって、底本として上海《シャンハイ》商務印書館代印東京文求堂書店発行『十八史略読本』を用いました。中村敬宇《けいう》（正直《まさなお》）が『十八史略』とパーレーの『万国史』を暗誦するほど熟読すれば、英・漢学の基礎がりっぱにできる」と言ったことも、私にとって影響があったようです。

読んでゆくうちに、後漢の章《しょう》帝の条に、「忠臣を求むるは、必ず孝子の門においてす」とあるのが目にとまりました。

「廬《ろ》江《こう》の毛義《もうぎ》という人物はたいへん道義にかなった正しい人物だ」という評判を聞いて、それが本当なら帝のそばに召しかかえようと、張奉《ちょうほう》が毛義を訪問しますと、ちょうどそこへ、お役所から、毛義を安陽県の県知事にするという辞令が届きました。毛義は辞令を捧げもって、顔いっぱいに喜びをたたえて、母にも張奉にも辞令を見せて小躍りせんばかりです。張奉はこれを見て、心はさげすみでいっぱいでした。あまりにも強い出世欲にあいそがつきたのです。そしてここに来たことを悔いました。ところが後日になって毛義の母が亡くなると、毛義はすぐに県知事の職を辞め、それからどんなお召しにも応じませんでした。

そこではじめて張奉は悟ったのです。毛義があの時、小躍りしてニコニコ顔を見せたのは、行く末短い母親を喜ばせるためであったことを。張奉は心から自分の至らなさを思い知らされたのでした。

この部分は原文では、「往日《おうじつ》の喜びは、親の為《ため》に屈《くつ》するなり」とあります。

底本の『十八史略』では、この話全部がたった三行の文で書かれています。この千九百年前のことを、当時中国にいた私は他山の石として、両親に孝養をと考え、はるか日本の両親へ、好物のものをプレゼントしたものです。「他山の石」というとすぐこのことを偲《しの》んで、若かりし時の中国時代を思い出します。みなさんは他山の石としてどんな経験をされたことでしょう。

また『論語』に孔子のことばとして、「三人行へば必ず我が師有り。其《そ》の善《よ》き者を択《えら》びてこれに従ひ、其の不善なる者は而《すなわ》ちこれを改む」(而＝則と同じ)とあります。

「三人でともに行動したら、必ずそこに自分の手本となる人がいるはずだ。そのなかで善い人物を選んで学び、善くない人にある欠点は、自分にも同じような欠点があれば、それを改める。」

これも他山の石と考えられますね。

「他山の石」を英語で言えば、

It should be a whetstone for the wits.（それは知恵の研ぎ石となる。）
人はいろいろなところから学ぶことができるものです。

人、一《ひと》たびしてこれを能《よ》くせば、己《おのれ》はこれを百《ひゃく》たびし、人、十《と》たびしてこれを能くせば、己はこれを千《せん》たびす

★必ず目的を成しとげようとする意気ごみで、熱心に努力することをいう。

これは孔子の孫、子思《しし》の作といわれている『中庸《ちゅうよう》』にある文章です。『中庸』という書物は、人間の本性とはいったい何かを論じた、つまり人性論の書物です。

人間の本性は天が与えたもので、それを『中庸』の書物では、「誠」ということばで表現しています。誠こそ天の道であり、自分の身に誠をそなえようと努力するのが、人として当然なすべきことであるというのです。誠こそが世界のいっさいである。誠の存在しないところには世界はない、と『中庸』は言いきっています。

自分の身に誠をそなえるには、善を固く守ることです。それには五つの方法があげられています。

博学《はくがく》　広く学問を学習して、道徳を身につける。

審問《しんもん》　疑問は、師や友人に詳しく問いただす。

慎思《しんし》　学んだことを、慎重に考えてじゅうぶん理解をする。

明弁《めいべん》　博学・審問・慎思を経て、最も正しいと認められる道理を、はっきりと弁別する。そして、これだ、と確信できるものを見分ける。

篤行《とくこう》　それを丁寧に実行する。

以上の五つを行なうことは、なみたいていではありませんね。そこで『中庸』（子思）は言うのです。

人、一《タビシテ》能《クセバ》レ之《ヲ》、己《ハ》百《タビシ》レ之《ヲ》、人、十《タビシテ》能《クセバ》レ之《ヲ》、己《ハ》千《タビス》レ之《ヲ》。果《シテ》能《クセバ》ニ此《ノ》道《ヲ》一矣、雖《モ》レ愚《ナリト》必《ズ》明《ラカニ》、雖《モ》レ柔《ナリト》必《ズ》強《シ》。〈『中庸』〉

人、一《ひと》たびして之《これ》を能《よ》くせば、己《おのれ》は之を百たびし、人、十たびして之を能くせば、己は之を千たびす。果《はた》して此《こ》の道を能《よ》くせば、愚《ぐ》なりと雖《いえど》も必ず明らかに、柔《じゅう》なりと雖も必ず強し。

他人が一回でできるなら、自分は百回でもやってみるし、他人が十回でできるならば、自分は千回やってみる。本気でこの通りにすれば、愚か者といえどもきっと道理を明らかにできるし、どんなに意志の弱い者でもきっと強くなる。

ひとは一度でできる。おれにはとてもできない。おれは百ぺんでもやるぞ。

ひとが十ぺんでできる。おれにはとてもできない。が、おれは千べんでもやるぞ。

その結果、できる人にじりじりと追いつき、ついには追い越してしまう。

学問にとっては、この精神――人よりも十倍、百倍もする努力こそがいちばんだと、子思は『中庸』で述べました。

また『荀子《じゅんし》』に、「驥《き》は一日にして千里なるも、駑馬《どば》も十駕《じゅうが》すれば、則《すなわ》ち亦之《またこれ》に及ぶ」（驥一日而千里、駑馬十駕、則亦及レ之矣）。

「驥馬は一日で千里を走ることができるが、のろい馬も十日間進み続ければ、千里の道に到着できる」というのがあります。これも、才能のない者も努力を続ければ才能ある者に追いつけるというたとえです。

この荀子の句をふまえた文章に、江戸末期の大学者で幕府昌平黌《しょうへいこう》の教授、塩谷宕陰《しおのやとういん》の、有名な「鞭駘録《べんたいろく》に題す」という文があります。

宕陰は、前に述べた荀子の句をあげて、それに続けて、

「然《しか》らば則《すなわ》ち十駕《じゅうが》の術如何《いかん》。曰《いわ》くこれを鞭《むち》ちこれを鞭ち、これを鞭つて又鞭つ。今日十里を行き、明日十里を行き、行き行きて息《や》まず。百年一《いつ》の如《ごと》く、必ず志す所に至り、斃《たお》れて後《のち》已《や》む。其《そ》れ是《こ》れこれに及ぶに庶幾《ちか》からんか。余は駑駘《どたい》なり。而《しか》も千里に志あり。……」

これはそのまま味わってほしいものですが、あえて訳せば、

「それなら、荀子《じゅんし》のいう、のろい馬に十日間も走らせるには、のろい馬を鞭《むち》打って、鞭打って、さらにまた鞭打つ。今日十里走り、明日十里走り、どんどんと進んでやめない、百年あたかも一日の如く必ず目的に向かって走り続け、死ぬまでやめない。そういう決意で努力したならば、たぶん目的を達成することができるだろう。私は才能のない愚かな人間である。しかしながら、遠大な志をもっている。……」

そして、もし「中途で倒れることがあっても、うじうじとして廐《うまや》の飼い葉桶のそばで耳をたれて小さくなっているのに比べれば、死んだ方がよっぽどましだ」と続けています。

幕末の学者の、炎の燃えるような迫力と熱心さとが感じられますね。宕陰の弟のお孫さんが、東大名誉教授だった塩谷温《しおのやおん》博士です。

（中庸）

老驥櫪《ろうきれき》に伏《ふ》すとも　志《こころざし》千里に在り

★年老いてもなお志の高いことを示すたとえ。

この詩は、魏《ぎ》の曹操《そうそう》の作った詩の一句です。

正史『三国志』で、この曹操の若いころを、作者の陳寿《ちんじゅ》は、「機警《きけい》・権数《けんすう》有りて、任俠放蕩《にんきょうほうとう》、行業《こうぎょう》を治めず」と評しています。機転がきいて、権謀術数《けんぼうじゅつすう》の才があり、やくざの道楽息子ということですね。

それがのちには、「軍を御《ぎょ》すること三十余年、手に書を捨てず。昼はすなはち武策《ぶさく》を講じ、夜はすなはち経伝《けいでん》を思ふ。登高しては必ず賦《ふ》し、新詩を造るに及びては、これに管絃《かんげん》を被《こう》むらしめ、みな楽章を成す。」

つまり、「軍隊を統率すること三十余年、しかも常に読書に励んだ。昼間は軍略を論じ、夜は聖賢人《せいけんじん》の書を思索した。高きに上っては必ず詩歌を作り、新作ができると必ず音楽に合わせて唱った」というたいへんな評価になっています。

とかく破天荒で乱暴なところばかりが話題になる曹操ですが、反面、いつも本を手から離さず、戦場でも詩を詠む、そんな側面も持っていたのです。冒頭の句も、曹操《そうそう》が北方の異民族・烏桓《うがん》征伐に出撃した時のことをうたった長詩の一部で、たいへん有名なものです。

ところが北辺の戦闘はたいへんな苦しみでした。烏桓は遼東《りょうとう》・遼西・右北三郡に勢力をのばしており、漢民族十万余戸も支配し、中国の名門・袁紹《えんしょう》とも結んでいたのです。

北方の寒さに慣れない曹操軍は、軍馬数千頭を殺して食糧とし、その血をすすっての苦戦です。ツンドラ地帯では三十余丈も掘って水を得るというありさまでしたが、やっと勝利して、二十余万の降服者を得ました。この詩は、そんな苦しみの中でつくられたものなのです。

中国では、解放後、文豪・魯迅《ろじん》（一八八一―一九三六）が、「曹操は英雄で、私は彼の仲間ではないが、敬服している」と言ってから、曹操の株が暴騰して、揮毫《きごう》（毛筆で色紙などにことばを書くこと）には曹操の詩がおおいに用いられました。私も偶然、中国大使館で宋之光《スオンチコアン》大使におめにかかった時、大使から墨の跡も黒々とした色紙をいただきましたが、そこに書いてあったのがこの、曹操の長詩「歩出夏門行」の中の句でした。

老驥伏レ櫪
志在二千里一
烈士暮年
壮心未レ已

老驥《ろうき》　櫪《れき》に伏すとも　（老いたる千里の馬、廐《うまや》に伏すとも）
志　千里に在り　（千里のかなたに夢を思う）
烈士《れっし》　暮年　（勇士、年老ゆるとも）
壮心《そうしん》　未だ已《や》まず　（猛《たけ》き心、一刻《いっこく》もやまず）

「千里の馬は、馬小屋のねだに伏していても、志は常に、かなたの空に雄飛することを思っている。勇猛の士は、いくら年老いても、烈々たる意気盛んな心を失うことはない。」

　そして続けて「人間の寿命は天命なんかで決まるものではない。努力だ、そうすればあるいは不老長寿の道も悟ることができるぞ」と。

まことに、天をつく意気盛んな作品です。魏《ぎ》の曹操《そうそう》は後に武帝《ぶてい》となり、「横槊《おうさく》の詩人」と呼ばれます。これは戦場において槊《ほこ》を己《おのれ》の傍に横たえて詩を作った人物の意で、のちに、英雄は戦場の中にも風流を忘れないたとえに用いました。後代、宋の大詩人・蘇軾《そしょく》（東坡《とうば》）が、曹操をしのんでつくった、「赤壁《せきへき》の賦《ふ》」の中にも「酒を釃《した》みて江に臨《のぞ》み、槊を横たえて詩を賦《ふ》す」とあります。

曹操は、長男曹丕《そうひ》、三男曹植《そうしょく》とともに「三曹」と称され、建安の七子を集めて、文壇を成立させました。その功績には大きなものがあります。

このように「乱世の姦雄《かんゆう》」と呼ばれる曹操は、反面、非常に学問を愛した人としても知られていました。この詩をみても、絶えず前に進み続けた人であることがよくわかりますね。

少年と歳月

後生畏ルベシ

青雲《せいうん》の志

★立身出世しようとする志。
★高潔で俗世間を超越しようとする志。

唐代の詩人、張九齢《ちようきゆうれい》（六七三―七四〇）は、唐の開元年間、玄宗皇帝に仕え、詩の技巧よりも精神面の探究にすぐれた詩人で、高潔な人格にふさわしい詩をつくりました。九齢の詩を味わってみましょう。

照鏡見白髪

宿昔青雲志
蹉跎白髪年
誰知明鏡裏

鏡に照らして白髪を見る

宿昔《しゆくせき》　青雲の志
蹉跎《さた》たり白髪の年（蹉跎＝歳月を過ごすこと。）
誰《たれ》か知らん明鏡《めいきよう》の裏《うち》

形影自相憐

形影自《けいえいおの》づから相憐《あいあわれ》まんとは

「むかし、若かったころは、おおいに立身出世しようと志をいだいて、心も燃えていたが、しかし世の中は思うようにいかず、年月のみがいたずらに過ぎて、はや白髪の年になって（著者は六十五歳を過ぎていた）鏡にうつる老い衰えた姿を見ていると、いまさらのように老いの身がいとおしく、こんなことになろうとは思いもしなかった。」

わが国の文学者たちはこの詩を次のように訳したり、また同じような感慨を述べています。

シユツセシヨウト思ウテヰタニ
ドウカウスル間ニトシバカリヨル
ヒトリカガミニウチヨリミレバ
皺《しわ》ノヨツタヲアハレムバカリ

（井伏鱒二《いぶせますじ》訳）

わが草盧《そうろ》をみづから形影相憐処と名づけ、人生日々の哀歓を妹《いも》と共《とも》にす　（吉井　勇）

鏡屋《かがみや》の前にきてふと驚きぬ見すぼらしげに歩むものかも　（石川啄木）

写し見る鏡中《きようちゆう》の人吾《われ》寒し　（正岡子規）

また、宋の大儒朱熹《たいじゆしゆき》の有名な詩も思い起こされます。

偶成《ぐうせい》

少　年　易レ老　学　難レ成
一　寸　光　陰　不レ可レ軽
未レ覚　池　塘　春　草　夢
階　前　梧　葉　已　秋　声

少年老い易《やす》く学成り難し
一寸の光陰《こういん》軽《かろ》んずべからず
未だ覚《さ》めず池塘《ちとう》春草の夢
階前《かいぜん》の梧葉《ごよう》已《すで》に秋声

「少年は老いやすく学問はなかなか成就しにくい。だから僅かな時間も軽くみてはいけない、池のつつみの春草が夢心地から覚めきらず、のんびりとしているうちに、階《きざはし》のそばの青桐の葉には、さわさわと秋風が立つのを聞くようになった、まことに歳月の過ぎることは速いものだ。」

春草の夢とは、青少年が夢想にふけって、のんびりすることのたとえです。のんびりしているうちに歳月はすぐたってしまう。そうなってからいくら歎いても遅い……。

しかし、張九齢《ちょうきゅうれい》は、広東《カントン》省曲江の生まれで、玄宗皇帝の治世、開元二十二年に中書省長官、いまの司法大臣になっています。その後、九齢は宰相となりましたが、李《り》林甫《りんぽ》という人が実権を握っていました。李林甫は「口に蜜あり、腹に剣あり。」つまり、口はうまいが腹黒い、悪辣《あくらつ》きわまりない佞臣《ねいしん》で、学問教養は皆無の人です。玄宗も政治に倦《う》みあきて、九齢のような学者ひとすじの科挙出身者を嫌って、口に蜜ある佞臣を好むようになりました。九齢はそんな李林甫を除こうとして、逆に玄宗の怒りをかい、左遷されて荊州《けいしゅう》（湖北省）に流され、悶々のうちに三年後、六十八歳で病没しました。

青雲の志を抱いて郷里を出で、一度は宰相となりながら、陥れられて左遷され、そののちは誰ひとり訪う者もなく、自分と鏡に映る影とが互いに憐れみあう気持ちを、どうかしみじみと味わってください。九齢に関してはこういうエピソードもあります。

開元二十四年、幽州《ゆうしゅう》の節度使・張守珪《ちょうしゅけい》が、敗軍の将・安禄山を捕縛。奚《けい》・契丹《きったん》に惨敗《ぱい》した責任をとらせるため、都に送ってきました。この時、張九齢は、

「禄山反相《はんそう》（謀叛《むほん》の人相）あり、誅《ちゅう》せずんば必ず後患《こうかん》をなさん。」

と、軍令通りに「斬《ざん》」を主張しますが、玄宗は、禄山の賄賂《わいろ》に目がくらんでいる家臣の意見を聞いて、禄山の「斬」を許しませんでした。

玄宗はそれから二十年後、天宝十四年、この安禄山によって謀叛をおこされ、長安から蜀《しょく》へと脱出します。この間、愛妃・楊貴妃《ようきひ》も馬嵬《ばかい》でくびり殺されたのでした。

この時になって玄宗は、「九齢のいうとおりにしておけば……」と涙にくれましたが、もはやあとのまつりだったのです。

後生《こうせい》畏《おそ》るべし

★後輩の若い人は、勉強・努力しだいで、どんな力量を示すかはかりしれないものがあるから、おそるべきものだという意味。

後生というのはつまり後輩、その対語の「先生」はもともとは先輩の意味です。『論語』に、

後生可《シ》レ畏《ル》。焉《ンゾ》知《ランヤ》二来者之不《ルヲ》一レ如《カ》レ今《ニ》也。

〈『論語』子《し》罕篇《かんへん》〉

後生畏るべし。焉《いずく》んぞ来者の今にしかざるを知らんや。

［注］焉――也＝いずくんぞ――や。反語を表わす。

「後輩の若者はおそるべきものだ。学問を重ね努力して、どんなすばらしい人物にな

るかわからない。どうして青少年が現在の人に及ばないなんて言えようか、言えたものではない。」そしてそれに続けて、「だがそれから月日がたって、四十、五十になっても何の名声もなく、世間の人からも注目されないならば、べつにおそれるに値《あたい》しないものだ。」

もちろん片方に「大器は晩成す」ということばもありますが、そうした人物なら、まだ完成はしないまでも大器の片鱗《へんりん》はある。四十、五十になって凡人ということはないだろう。ともあれ、四十、五十くらいまでには名の聞こえるように心がけなければならぬという戒めのことばでしょうね。どちらにしろ孔子にとって「後生」は、いずれ自分を越えてゆくもの、畏《おそ》るべきものであってほしかったのです。

それでは、孔子の期待する後輩とは、どんな人物像を頭に描いていたのでしょうか。魯《ろ》の君主・哀《あい》公に、「汝《なんじ》の門人中、誰がいちばん学を好むか」と質問された時、孔子は、「顔回《がんかい》という者がいました。学問が好きで、感情に走ってやつあたりすることなく、過ちを二度とくり返すことがありませんでした。が、不幸にも早死にしました。したがって現在はいません。顔回が死んでしまって、学問好きな人物は一人もいません。」

これが孔子の答えです。孔門の弟子三千人、身六芸《りくげい》（礼・楽・射・御・書・数）に通ずる者七十余人といわれているのに、学を好む者は顔回たった一人、と。いかに孔子が回を信頼し、回が学問を愛したか、そして回の夭折《ようせつ》を悲しんだか、そのことばにはせつせつたるものがあります。

孔子の期待するおそるべき後輩とは顔回その人です。顔回が死んだ時には、日ごろ慎み深い孔子が弟子から異常と思われ、弟子たちを驚かせたほどです。

「顔淵《がんえん》死す。子《し》之《これ》を哭《こく》して慟《どう》す。従者曰《いわ》く『子慟せり』と。曰く『慟する有りしか。夫《か》の人の為《ため》に慟するに非《あら》ずして、誰《た》が為にせん』と。」

顔回が死んだ時、孔子は大声をあげて泣き、身を震わせて激しく悲しんだ。おともをしていた弟子が「先生が慟哭《どうこく》なさるとは。」すると孔子は、「そうか、私は慟哭したか。回のために慟哭しないで、いったい誰のために慟哭するのか。」

孔子の願望は、弟子たちによって自分の学問と理想を未来に伝え、実現させることにありました。そしてその主役、顔回の死には、いたたまらないものがあったわけです。

師弟間に関しては、「出藍《しゅつらん》の誉《ほまれ》」という、よく知られた諺《ことわざ》があります。「青は藍《あい》より出《い》でて藍よりも青く、氷は水これを為《な》して水よりも寒し」から出たことばです。藍玉を砕いて水に入れ、布を浸けると、布は藍よりもっと青く、鮮やかに染まり、氷は水からできるが、水よりも冷たい。――これから、弟子がその先生よりもすぐれることに用います。同じ語源から「青が藍となった」「藍が青に謝す」ということばも用いられ、自分よりもすぐれた弟子に、師が頭を下げて学ぶことです。

孔子も、若い弟子たちが自分を乗り越え、いやがうえにも成長していってほしいという意味をこめて「後生畏るべし」と述べたのでしょう。

呉《ご》下《か》の阿《あ》蒙《もう》

★学問のないつまらない人。
★いつまでたっても学問が進歩しない人。昔のままでいっこうに進歩のない人。

呉下の「下」は、城下町の「下」と同じで、呉のあたりにいるという意味です。城下町とは、城を中心にしてそのそばに発展した町。城の地下ではありませんね。

阿は、親しみをあらわす接頭語で、魏《ぎ》・晋《しん》のころから多く使われた江南地方のことばです。「阿兄」はお兄さん、「阿母」はかあさん、おかあちゃん。ですから「阿蒙」は、蒙さん、蒙ちゃんということになりますね。つまり「呉下の阿蒙」は「呉に住んでいる蒙ちゃん。」「隣《となり》の三ちゃん」みたいで、たしかにあまり学問がありそうではありません。

でも、この蒙さん――姓は呂《りょ》といいますが――は、じつは後に、学のある将軍として名を馳《は》せた人です。ですが若いころは腕におぼえの豪胆一方。役人を殺していったんは逃げますが、自首してきます。それが孫策《そんさく》の耳に入って、それが縁となって孫策の側近となったのです。それから孫策のあとを継いだ呉王・孫権にそのまま仕えるようになりました。

孫権はその後、蒙と蔣欽《しょうきん》を将軍に任命したとき、言いました。「おまえたちは重要なポストに就いて軍事を処理しているが、一方で学問に励んで知識を広めたがよかろう。」

呂蒙はこれを聞いて、「軍中において職務多忙、読書まではとても……」と乗り気ではありません。すると孫権は、

「私はおまえたちが学問博士になることを願っているわけではない。将来を見通すためには、広く過去を顧みることだけが役に立つ。おまえたちは忙しいというが、私に比べてどうか。私は若いころ、詩経・書経・礼記《らいき》・左伝・国語を学び、国の政治にタッチしてからは、三史（『史記』『漢書』『東観漢記』）および兵書を読み、おおいに有益であった。孔子も、

『終日食《くら》はず、終夜寝《い》ねず、以《もっ》て思へども益無し、学ぶにしかざるなり』（終日不レ食、終夜不レ寝、以思無レ益、不レ如レ学也。）

と述べておられる。学ばなければ、毎日食事もとらずに考え続けても無駄だということだ。

光武帝も戦陣にあって書物を手から離さなかったという。曹操《そうそう》もまた老いてますます学を好んでいる。君たちはなぜ勉学に励まないのか。」

これを聞いて呂蒙は、うって変わって学問に励み、倦《う》みあきることがなかったのです。そしてなまなかの学者ではたちうちできないほどの学問の上達をみました。

後日、呉のもう一人の将軍・魯粛《ろしゅく》は、軍務の関係で呂蒙の軍営のそばを通過しました。

魯粛は心中、無学で武略一辺倒の呂蒙を軽侮していましたので、最初は一顧する考えもなかったのです。ところがある人が告げました。「呂蒙将軍の功績は日に日にあらわれて、以前のように考えているとまちがいます。少し注意を払っておかれたほうがいいですよ。」

そこで魯粛は、呂蒙を表敬訪問したのです。すると呂蒙は恐ろしい蜀《しょく》の関羽《かんう》について、「現在、東（呉）の孫権と西（蜀）の劉備は一家のように親しくしているが、蜀の関羽は、熊や虎のような恐ろしい将軍です。これに対して魯粛将軍はどういう考えをお持ちですか？」と尋ね、「私はこう考えます」と、関羽に対する五か条の策略をきちっと示しました。

魯粛は思わずびっくりして、彼の背をたたきながら、「私はあなたを武略一点ばりの人間と思っていた。今は学識英博、昔のままの呉の蒙ちゃんではないぞ」（学識英博、非㆓復呉下阿蒙㆒——学識英博、また呉下の阿蒙にあらず）と言ったのです。

もう「隣の三ちゃん」ではないというわけですね。学問のないつまらない人のことを「呉下の阿蒙」というのはここからきています。

これに対し蒙は、

「士別れて三日ならば即《すなわ》ち当《まさ》に刮目《かつもく》して相待つべし」（士別レテ三日ナラバ即チ当《まさ》ニ《ベシ》㆓刮目シテ相待ツ㆒）——「士たるもの、三日たてば目をこすって相手に会うべきである。どんなに成長しているかわからないから」と応じたのです。「刮目して待て。」これも有名なことばになりました。

孫権は、「りっぱな大人になってから勉学に励んだ者として、呂蒙《りょもう》と蔣欽《しょうきん》に及ぶ者はなかろう。富貴栄達しても、学を好み、経典の釈義《しゃくぎ》を好み、財宝を軽んじ、義を尊び、二人ともあっぱれ天下の国士となった。まことにすばらしいことである」と述べました。

最後に呂蒙の大手柄を記しておきましょう。蜀《しょく》の劉備が漢中王となった時、蜀の将軍・関羽は、宿敵・魏《ぎ》へ攻撃をかけました。ところが呉《ご》の孫権と魏の曹操《そうそう》との間には、関羽挟撃の秘密の約束が結ばれていたのです。つまり、呂蒙の秘中の秘策は、いままでの盟友・蜀を裏切っての関羽の謀殺です。この企てはまんまと成功し、関羽はいったん本国・蜀へ脱出をしようとしましたが、まちぶせの孫権軍によって、子の関平ともども捕えられて、首を刎《は》ねられました。建安二十四年（二一九年）冬十二月、関羽五十八歳。

『三国志演義』によりますと、孫権が呂蒙を上席に据えて勝利の祝い酒をつぎますと、呂蒙は突然、孫権の胸ぐらをつかまえ、

「碧眼《へきがん》の小僧、紫髯《しぜん》の鼠輩《そはい》め、われこそは漢の寿帝侯《じゅていこう》、関雲長《かんうんちょう》なるぞ。」

関羽の霊がのりうつったのです。そして杯《さかずき》をたたきつけると、呂の身体《からだ》の七穴《けつ》から血が流れ出して狂い死んでいったとあります。後日、孫権から曹操に関羽の首が送られました。その時も曹操が見るやいなやその首は、カッと口をあけて髪を逆立てたのです。曹操は失心して倒れたと記されています。

（三国志）（三国志演義）

大器《たいき》晩成《ばんせい》

★大人物は遅れてできあがるものだ。
★将来大人物になるような人は、それまでは何の役にも立たないように見える。

『老子』にあることばです。

大方ニハ無レク隅、大器ハ晩成シ、
大音ハ希レク声、大象ハ無レシ形
〈『老子』同異〉

大方《たいほう》には隅《ぐう》無く、大器は晩成し、大音《だいおん》は声希《な》く、大象《だいしょう》は形無し。

「天地のように万物を入れる器《うつわ》には、隅《すみ》というものがない。また、小さな器は早く簡単にできあがるが、大きな器はできあがるのにひまがかかる。あまりにも大きな声、それも無限の大音は、人間の耳には聞こえない。また無限の大きな象《かたち》は、人間の目には、形としては見えない。あまりにも大きすぎるから。」

この文では「大器」というのは、必ずしも人間のことをいっているわけではありません。

その後、『後漢書』に馬援《ばえん》という人がでてきます。十二歳のときに父を亡くして、いままで学んでいた学問にも疑問をもったのです。そこで彼は、辺境で農業・牧畜をしようと決心して、兄の馬況《ばきょう》のところへ別れを告げにいきました。その時、兄が言いました。

汝ハ大才ナリ、晩成セン。良行ハ不ニ
示スニレ人ニ以テセレ模ヲ、且ク従ヘレ所ニレ好ム。
〈『後漢書』〉

汝《なんじ》は大才なり、晩成せん。良行《りょうこう》は人に示すに模《ぼ》を以《もっ》てせず、且《しばら》く好む所に従へ。

［注］且＝しばらく、とりあえずの意。

「おまえには大きな才知と器量がある。それは晩成のたちであろう。腕のいい大工は、材料の木は人に見せず、自分の思うように細工をするもんだ。お前もとりあえず気ままにして、自分独特の味わいを出せ。」

この兄のことばの意味は今でいう「大器晩成」ですが、ここには「大才」とあって「大器」ということばはありませんね。

ところで、その馬援ですが、後に郡のお役人になり、四人を司令府に護送することになりました。ところが四人を憐れんで逃がしてやり、自分も北方の甘粛《かんしゅく》に逃げたのです。そして宿願の牧畜を行ない、牛馬羊数千頭、穀物は数万石を所有するようになると、「私はたんに守銭奴《しゅせんど》ではないぞ。財はみんなにくれてやる」と、親類・古なじみに分け与え、自分は牧夫《ぼくふ》の姿をして暮らしました。

馬援の兄・馬員は、後漢の光武帝が位に就くと光武帝に仕え、郡太守《たいしゅ》に任命されましたが、まもなく死にました。

一方、馬援は、光武帝と対立した軍閥《ぐんばつ》の隗囂《かいごう》に仕えていましたが、ある時、隗囂から、

「漢の光武帝と称する奴と、四川《しせん》で皇帝を称している公孫述《こうそんじゅつ》の奴、この二人、どちらが将来性があるか調べろ。」

との命を受け、まず、同郷の公孫述を訪ねました。馬援はこの時、久しぶりに手を握りあって話をしようとしましたが、公孫述はガードマンをきらびやかに並べ、飾りたてて引見したのです。馬援はその愚かさを「井底《せいてい》の蛙《あ》のみ」と罵《ののし》りました。「井《い》の中の蛙《かわず》」ということですね。「多くのへつらい者にとりまかれた最大のへつらい者は、自分自身である」と、ベーコンも言っています。これで馬援は、公孫述を見限ってしまいました。

のち馬援は光武帝に会い、すっかり心服します。その時、光武帝が、「おまえは自分と蜀帝《しょくてい》の二帝の間をうろちょろしている。当方が恥ずかしくなってしまう。」すると馬援は、「現在の世の中は君主が臣を選択するだけではなく、臣も同様に君主を選択します」とはっきり答えました。

援は帰って隗囂《かいごう》に、光武帝に仕えることをすすめましたが、逆に隗囂は蜀帝と称する公孫述《こうそんじゅつ》と手を結んだので、援は光武帝に仕え、帝を助けて隗囂を亡ぼしました。そのとき帝が「隴《ろう》を得て蜀を望む」（欲しかった隴を得ると、また蜀が欲しくなった）と言ったのです。隴は隗囂の拠《よ》る甘粛省《かんしゅくしょう》で、蜀は四川省《しせん》で公孫述の拠るところです。

これが「隴蜀《ろうしょく》の望み」という故事の由来です。「人間の欲望はきりがない」ということです。のちに援は多くの戦功をたてて、伏波《ふくは》将軍の地位を授けられ、光武帝の信任は絶大でした。兄が「晩成だ」と述べたのがみごとに的中したのでした。

人生の知恵

伯楽ナクシテ名馬ナシ

渾沌七竅《こんとんしちきょう》に死す

★人間のこざかしい知恵・作為が、そのものの本質を破壊してしまうこと。

むかし、むかしのお話です。

南海の帝を儵《しゅく》といい、北海の帝を忽《こつ》といい、中央の帝を渾沌といいました。南と北とは明暗を意味して、区別相対をあらわしています。儵忽《しゅくこつ》とは、現われたり消えたりするのがすばやいさま、つまり有無の相対をあらわしているわけです。これに対して中央の帝の混沌とは、ボンヤリとして形がはっきりしないさまで、物事の未分化の状態をいい、作為を加えない自然の本質をあらわしています。

この儵と忽とが偶然、渾沌のところで出会いました。その時、渾沌のもてなしがたいへん手厚かったので、儵と忽はなにか感謝の心を表わしたいといろいろと相談したのです。けっきょく、近ごろ現われた人間というのには七つの穴があって、見る、聞く、食べる、息をする。そして愉快そうに活躍している。だからこの七つの穴をあけてやるのがいちばんのお礼だということになりました。

そこで毎日一つずつ渾沌に穴をあけていったところ、それが完成した七日めに、かわいそうに渾沌は死んでしまったのです。

儵与忽謀報渾沌之徳。曰、「人皆有七竅、以視聴食息。此独無有。嘗試《こころみニ》鑿之。」日鑿一竅。七日而渾沌死。〈『荘子』〉

儵《しゅく》と忽《こつ》と渾沌の徳に報いんことを謀《はか》る。曰《いわ》く、「人皆七竅《しちきょう》有り、以《もっ》て視聴食息《していしょくそく》す。此れ独り有ること無し。嘗試《こころみ》に之を鑿《うが》たん」と。日に一竅を鑿《うが》つ。七日にして渾沌死す。

［注］——与《と》レ……＝並列。——と……と。

もともと渾沌は、ズンベラボー、ノッペラボー。でもこれが本質ですからね。これに思いつきの作為を加えたのでは、たまったものではありません。この話、ひどく深い意味を含んでいるようですね。

「渾沌」は英語に訳せば「カオス」で、今、数学や物理学の分野でも注目を浴びています。また、ノーベル賞学者の湯川秀樹博士は、

「私は長年の間、素粒子の研究をしているわけだが、今では三十数種にも及ぶ素粒子が発見され、それらがそれぞれ謎《なぞ》めいた性格をもっている。こうなると素粒子よりも、もう一つ進んだ先のものを考えなければならなくなっている。一番基礎になる素材に到達したいのだが、その素材が三十種類もあっては困る。それは一番の根本になるものであり、あるきまった形をもっているものではなく、またわれわれが今知っている素粒子のどれというのでもない。さまざまな素粒子にわかれる可能性をもった、しかしまだ未分化の何物かであろう。今までに知っている言葉でいうならば渾沌というようなものであろう。」

と述べておられます。

『荘子《そうし》』ファンの湯川博士は、素粒子の発見から、さらにもう一つ先にある基礎になる素材、未分化の何物かを探究しようとして、この渾沌の話にいきついたわけです。

また『荘子』には、次のような話もおさめられています。

子貢《しこう》が旅をしていた時のことです。老人が井戸に入り、甕《かめ》をかかえて井戸水を汲み

出し、畑に注いでいるのを見ました。子貢はその知恵がないのに驚き、また老人に同情して言いました。「はねつるべを知らないのか。木に穴をあけ、仕掛けをつくり、後部を重くして前部を軽くし、重みではねあがるようにすると（てこの応用）、水を汲み出すことは簡単じゃ。」

するとと老人は、「そんなことは先刻承知だ。機械（仕掛け・装置）にたよると、機械にとらわれる心、機心というものが生じ、純白の心が害《そこ》なわれる。そして本質を見失うことになる。はねつるべはお断りだ」と。

今の時代には特にズキリとくる言葉ですね。これに関連して、宗教家・鈴木大拙《だいせつ》の言に、

「機械にたよりはじめると、ただその働きの成績にだけに心をとらわれる。自分の力はできるだけ節約して、早くできるだけ大きな効果をあげよう、ということになる。

（中略）

『機心』なるものは、人間の注意をたえず外に馳りたてて、ただもう相対的な利害得失に夢中にさせる。それで、力はできるだけ少なくして、功はできるだけ多かれと働くのだ。時によると、この働くことさえもしないで、ひたすらに効果のみあがれかし

と考えるようになる。そこでは『無功徳《むくどく》』（むくいを求めずにはたらく）などいうことは夢にも考えられなくなる。

ある意味でこれが近代的人間生活の特長だろう。『科学』が進み、その実際的応用がいやが上に広がる結果、機械工業の旺盛なること、まことにめざましいものがある。そこで荘子《そうし》の『機心』がこの上もなく生長する。これは必然の趨勢《すうせい》だね。ある意味で荘子は二千年後の今日を見透していたわけだ。」

けっきょく人間は機械の奴隷となって、人間の本質・生命は失われてゆく。みなさん、荘子の「はねつるべ」の論を考えてみましょう。私はこの「はねつるべ」の論を一笑にふすようなことがあれば、わが国の将来に禍《わざわい》が起こるような気がします。

蛇足《だそく》

★不必要なことをするたとえ。
★よけいなもの。あるよりも、ないほうがよいことのたとえ。

戦国時代、楚《そ》は宰相・昭陽《しょうよう》に命令して、魏《ぎ》の国を攻めさせて、魏の八城を攻略しました。つづいて斉《せい》の国を攻めようとした時のことです。ちょうどそのとき斉には、秦《しん》の使者、陳軫《ちんしん》が来ていました。斉の閔《びん》王は、楚が攻めてくることをたいへん心配して、陳軫に相談しました。すると陳軫は、では私が楚の宰相・昭陽に会って、斉への攻略をやめさせましょう、といとも簡単に引き受けたのです。陳軫は、楚の軍中に昭陽を訪ね、彼に聞きました。

「楚国の法について尋ねたいが、敵軍を破り、敵将を討ちとれば、どれほどの官爵が上《かみ》よりもらえますか。」

「官は上柱国に任ぜられ、爵は、上爵の執珪《しっけい》になります。」

「それより上は、どんな官爵がありますか。」

「令尹《れいいん》（宰相）だけです。」

「今、あなたは、最高の官職、令尹の地位にいらっしゃる。斉《せい》を攻略されても令尹以上の恩賞はないわけですから、官爵のもらいようがないわけです。」

　こう言って陳軫《ちんしん》は、こんな話をもちだしました。

「楚《そ》の国にあったことです。ある人が、奉公人に大盃《おおさかずき》いっぱいの酒をふるまったのです。すると奉公人は互いに、数人で呑むと腹いっぱい呑むわけにはいかない。地面に蛇を描いていちばん最初に絵ができあがった者が一人で呑むことにしよう、と申しあわせました。

　さっそく描き始めて、いちばん最初にできた者が、『できたぞ、足までかけるぞ』と蛇に足を描きたしました。すると次の者が盃を奪って、『蛇に足なんかあるか。』足まで描いた者は失格。せっかくの酒を呑みそこなったということです。

　この話をどう思われますか？　あなたが斉を攻めて、もし勝ったとしても、現在以上何も恩賞はありませんし、もし勝たなかったら、官爵は奪われ、楚から罵倒されるでしょう。斉を攻めることは蛇を描いて足を描くことになります。それよりも兵を退けて斉に恩徳を施されたほうが得策ではありませんか？　これが、得ることのできるものをじゅうぶんに得て、失うことがないという最高の術でございます。」

これを聞いて昭陽は兵を引いて去ってしまいました。

一人之蛇成ル。「蛇固《もと》ヨリ無シレ足。子安クンゾ能ク為ルヤト二之ガ足ヲ一」為ル二蛇足ヲ一者終ニ亡フ二其ノ酒ヲ一。

〈『戦国策』〉

一人《いちにん》の蛇《へび》成る。「蛇固《もと》より足無し。子《し》安《いず》くんぞ能《よ》く之《これ》が足を為《つく》るや」と。蛇足を為《つく》る者終《つい》に其《そ》の酒を亡《うしな》ふ。

［注］**安**＝安くんぞ……や。疑問。

ちょっとニュアンスは違いますが、もう一つ、よけいなことをしたために元も子もなくすことを表わすことばに、

「角《つの》を矯《た》めて牛を殺す」

というのがあります。これは、曲がった牛の角を直そうとして肝心の牛を死なせてしまった、ということで、少しの欠点を直そうとして逆にものごと全体をぶちこわして

しまうことに用います。同じことが欧米でも次のような言い方でよく用いられるようです。

Some remedies are worse than the disease.（ある種の治療は病気よりもたちが悪い。）

Wanting to make right the eye-brows, he pulled out his eyes.（眉を整えようとして瞳をくりぬく。）

古今東西、よけいなことをする人はあとをたたないようですね。

先ず隗《かい》より始めよ

★言い出した者から始めよ。
★遠大なことをするには、手近なことから始めよ。

戦国時代、燕《えん》の国は今の北京《ペキン》付近に都があり、もともとは尚武《しょうぶ》の国（武芸を重んじる国）でありましたが国力が日々に衰えていきました。

そのうち文公を継いだ易王《えき》（名は噲《かい》）が即位して十年たちますと、易王は自信をなくして、王位を宰相の子之《しし》に譲りわたして、自分が臣となったのです。これによって国内は極端に秩序が乱れ、それにつけこんだ斉国《せい》が、チャンスとばかり侵入してきました。子之も噲も殺され、領土を取られた燕は、亡んだも同然のありさまです。このとき燕の人々が推し立てたのが、太子の平です。王位に就いて、名を昭王といいます。

昭王は、燕の国力の恢復をはかるためには、天下の賢者を招くことが必要と考え、名相郭隗《かくかい》に向かって言いました。「斉は燕の乱れているのにつけこんで攻めこんできた。私の力では仇《あだ》を報ずることはできない。しかしなんとかして賢者を得て先君の恥をすすぎたい。どうか賢者を見つけてほしい。私はそのお方に仕えます。」

これを聞いて隗《かい》が言うには、

「古《いにしえ》の君主で、近習《きんじゅう》に千金を持たせて、一日に千里も走る名馬を買いにやった方がありました。するとその近習は、なんと五百金で死んだ馬の骨を買ってきたのです。その君主はカンカンに怒りました。ですが近習は平然として、『名馬であれば死んだ骨でさえ大金で買うのなら、まして生きた名馬ならどんな大金でも払うだろう、と世の人は思います。そのうちに必ず生きた名馬がやってきます。』はたして一年もたたないうちに、名馬が三頭も集まったということです。王が賢士を招こうと思われるならば、まず私のような愚か者からお用いください。そうすれば私よりも賢い者が、千里の道が遠いからといって来ないことがありましょうか。きっと先方からやってまいります。」

今王誠ニ欲《セバ》レ致《サントヲ》レ士、先《ヅ》従《リ》レ

今王誠に士を致《いた》さんと欲せば、先づ隗《かい》より始めよ。況《いわ》んや隗より賢なる者、豈《あ》

隗始《メヨ》。況《ンヤ》賢《ナル》於隗《ヨリ》者乎、
豈遠《シトセン》千里《ヲ》哉。〈『戦国策』燕策《えんさく》〉

に千里を遠しとせんや。

［注］於＝比較を示す。豈《ニ》——哉《や》＝反語。

昭王はなるほどと思って、隗のために住居を改築し、師として仕えました。隗の計画はみごとに成功しました。あの隗程度の人物でさえもあんなに優遇されるという噂《うわさ》は各国に広まって、隗以上と自信をもった人物が争って燕《えん》の都に集まってきたのです。

なかでも特に優れた人物は、魏の国から来た、楽毅《がくき》将軍です。昭王は、すぐに楽毅を亜卿《あけい》として国政をまかせました。昭王が心中に忘れえないことは、燕の混乱に乗じて侵入し、父王を殺した斉への仇討ちです。時は来たりと昭王は、楽毅を大将軍に任命して、斉へ侵入させました。楽毅は、みごとに昭王の期待にこたえ連戦連勝して、たちまちのうちに斉の七十余城を攻め落としました。残るはただ莒《きょ》と即墨《そくぼく》のみ。

ところがそんな折、昭王が亡くなったのです。恵王が位をつぎましたが、恵王は、太子のころから楽毅としっくりいっていませんでした。そこを即墨の将軍・田単《でんたん》につけこまれ、恵王は愚かにも偽の情報にまどわされて楽毅将軍を解任。その結果、燕軍は大敗走して、斉の七十余城は再び斉のものとなりました。

これから燕の国力は日々に衰え、昔日の面影もなく、燕の太子が秦《しん》に人質になるという哀れな状態となります。

けっきょく、「先ず隗より始めよ」で国力がいったんもちなおしたのもつかのま、燕は秦によって全滅させられてしまったのでした。

（戦国策）

伯楽《はくらく》なくして名馬なし

★世に馬を見分ける名人がいてこそ、名馬が出てくる。
★賢人も、名君・賢相に会わなければ認められないことにたとえる。

伯楽とは、元来、天馬をつかさどる星の名です。のちに周の孫陽《そんよう》が馬の鑑定家として有名になって、伯楽というあだながつけられ、それから一般に馬の鑑定の名人の意に用います。

わが国では伯楽がなまって、博労《ばくろう》・馬喰《ばくろう》になりました。日本では馬の売買人のことです。東京都中央区に馬喰《ばくろう》町という地名もあります。

さて唐の文豪・韓愈《かんゆ》の文に「龍《りゅう》説」「医説」「鶴《かく》説」「馬説」の四編があって、それを総称して「雑説」といいます。雑説とは、折にふれ、物事に感じて得た感想、また、主題を決めないで述べた文のことです。

さて、この雑説に、次のような文章があります。

世ニ有リテ二伯楽一、然ル後ニ有リ二千里ノ馬一。千里ノ馬ハ常ニ有レドモ、而伯楽ハ不二常ニハ有ラ一。故ニ雖レモ有リト二名馬一、祇《た》ダ辱メラレ二於奴隷人之手ニ一、骿《へん》二死シテ於槽櫪之間ニ一、不ル下以テ二千里ヲ一称セラレ上也。

〈『韓昌黎文集《かんしょうれいぶんしゅう》』〉

世に伯楽《はくらく》有りて、然《しか》る後に千里の馬有り。千里の馬は常に有れども、伯楽は常には有らず。故に名馬有りと雖《いえど》も、祇《た》だ奴隷人《どれいじん》の手に辱《はずかし》められ、槽櫪《そうれき》の間に骿死《へんし》して、千里を以《もっ》て称せられざるなり。

［注］不ニ常有一＝部分否定。常には有らず。いつもいるとはかぎらない。　於＝受身。　奴隷人＝小役人のことをさす。　槽櫪＝馬小屋の飼《か》い葉桶《おけ》、櫪は踏み板。

訳すと、「世に伯楽がいてはじめて、一日に千里も走る名馬が見出されるものだ。名馬はいつもいるが、それを見出す伯楽はいつもいるとはかぎらない。だから名馬がいたとしても、そうと知られないまま、その名馬は卑しい下僕の手に粗末に扱われて、つまらない馬と首を並べて死んでいく。名馬として称賛されないままに、死んでいくのである。」

けっきょく作者は、いくら優秀な人物がいたとしても、その人物を見抜いて才能を発揮できるような地位に置いてやる名君や名相がいないために、才能すぐれた人物も野《や》に埋《うず》もれて空しく死んでいかなければならないのだ、というのです。しかも作者は、名馬は一回の食事に穀物を一石も食べる。それを与えなければ、名馬も馬力が発揮できないと述べています。

つまり、いま仮に、馬自身が自分には千里の能力があるんだと飼育人に訴えても、それは通じないで、鞭《むち》でぶたれるのみである。それでいて飼育人は「世に名馬はいない」と嘆く。「今、おまえがぶんなぐっているのが、天下の名馬である」と教える人、つまり伯楽がいないからだ。――これはもう、時の君主の無能、高位高官の役人どもの怠惰に対する痛烈な皮肉、風刺であることはいうまでもありませんね。

伯楽がいかに重要視されたか、それは、もう一つ別の故事成語としても、今に残っています。

ある人が自慢の持ち馬を売りに出しましたが、さっぱり買い手がつきません。持ち主は、よくよく考えた結果、伯楽のところへ行きまして、「馬市へおいでなすって、私の馬のまわりをぐるっと三回まわっていただき、帰りしなに一度だけ馬をふり返って見てください。それだけでけっこうでございます。じゅうぶんな礼金をさしあげます」とお願いしました。

伯楽はその程度のことならと、三回ぐるっとまわって、帰りぎわに一度だけふり返りました。とたんに馬の売り値は十倍にはねあがったのです。いうまでもありませんが、馬の鑑定の名人が三回もまわり、帰りぎわにはもう一度ふり返って見つめたものですから、名人でさえもおおいに価値ある最高の名馬と認めたことになり、もてはやされて、十倍ものたいへんな値上がりをしたわけです。

これを「伯楽の一顧《いっこ》」（『戦国策』）といい、名馬が伯楽によって価値を認められることから、名君・宰相から知遇（てあついもてなし）を受けることに用います。

狡兎《こうと》三窟《さんくつ》（穴《けつ》）

★人が困難を逃れるのに巧みなこと、身を守るのに用心深いことのたとえ。
★いざというときに身を守る場所をいう。

斉《せい》の宰相・孟嘗君《もうしょうくん》については、「食客《しょっかく》数千人、名声諸侯に聞こゆ。号して孟嘗君となす」とあって、かなり音に聞こえた人物です。ですが、彼がこうしたゆるぎない地位を確立するにあたっては、一人の男の活躍があったのです。

孟嘗君には、馮驩《ふうかん》という食客がいました。食客とは、客分として召し抱えられている私的な家臣です。若き日の孟嘗君は彼に命じて、自分の領地・薛《せつ》の領民に貸しつけた金の利息を取りたてるために催促をさせました。ところが馮驩は、金を借りた領民を集めて、目の前で借用証文を焼きすて、「孟嘗君さまのご命令だ」と叫んだものですから、薛の領民はいっせいに万歳と躍りあがりました。

馮が孟嘗君に報告しますに、「ご主君の宮殿には、珍宝《ちんぽう》・馬・美人と満ちあふれていますが、義だけが不足しています。私は義を持ってきました。それはご主君に民がなつき親しむようにすることです。そのために借用証文は、すべて焼きすてました。」「孟嘗君《もうしょうくん》説《よろこ》ばず」とあります。彼はこの時は、たいへん不快に思ったのです。ところがその後一年たって、斉《せい》の湣《びん》王は、「私は今は亡き宣《せん》王の臣下であった人を家来としたくない」と、孟嘗君を退任させてしまいました。そこで彼が領地の薛《せつ》に帰りましたところ、薛の領民は、老若男女、子供までが、百里先までも孟嘗君を出迎えに来たのです。

ここで孟嘗君は、はじめて馮《ふう》の思慮の深さを知らされました。馮がいいますに、

狡兎有リテ二三窟一、僅カニ得ルノミレ免ルルヲ二其ノ死ヲ一耳。今君有ルノミ二一窟一。未ダレ得ニ高クシテレ枕ヲ而臥スルヲ一也。請フ為ニルレ君ガ復タ鑿タン二二窟ヲ一。

〈『戦国策《せんごくさく》』〉

狡兎《こうと》三窟《さんくつ》有りて、僅《わず》かに其《そ》の死を免《まぬか》るるを得《う》るのみ。今君一窟《きみいっくつ》有るのみ。未《いま》だ枕《まくら》を高くして臥《が》するを得ざるなり。請《こ》ふ君が為に復《ま》た二窟を鑿《うが》たん。

「かしこい兎《うさぎ》は秘密の穴を三つ持っていて、やっと生きのびることができます。今主君が持っている居所は一つだけです。まだ枕を高くして眠ることなんかとてもできません。私が主君のためにあと二つの穴をつくりましょう。」

これから馮の大活躍が始まるのです。

彼は魏《ぎ》の都・梁《りょう》に行き、恵《けい》王に会って言います。「斉王は孟嘗君を解任しました。彼を用いたならば、富国強兵は思いのままです。」魏の恵王はこれを聞いて、宰相《さいしょう》の地位をわざわざ空けさせて、黄金千斤《きん》、車百台を持たせて孟嘗君を招こうとしました。馮は孟嘗君に、「以上のことは斉王の耳にとどきます。これからですよ。」

魏の使者は三度往復しましたが、孟嘗君は招きを受けません。斉王は、はたしてこのことを知って不安でなりません。そこで斉王は、黄金千斤、金銀珠玉で飾った馬車二台、佩刀《はいとう》一つ、これに加えて詫び状まで添えて、孟嘗君を招こうとしたのです。

「私は自らの不明によってご先祖のたたりを被《こうむ》り、へつらいどもに惑わされて、君を解任した。どうかもとどおり斉にもどって、万人の民を治めてくれ。」

この懇願を受けて、孟嘗君は斉の宰相に返り咲きました。みなさんもうおわかりですね。これが第二の穴です。そして第三の穴とは——。

馮は孟嘗君に、「亡くなられた王の祭器を御下賜《ごかし》願って、薛《せつ》に宗廟《そうびょう》を建立すること願い出てください。先代の御霊屋《みたまや》があるかぎり、湣《びん》王はご主君をどうにもできませんから。」

こうして宗廟が完成しました。

馮が「三窟《さんくつ》已《すで》に成る。君しばらく枕を高くして楽しみをなせ」と言ったと原文にあります。「これでご主君のための三つの穴が完成しました。これで当分の間、安眠できますよ。」

馮のつくってくれた三窟のおかげで、孟嘗君は、宰相の位にあること数十年、ほんのわずかの禍《わざわい》もなかったそうです。「孟嘗君、相《しょう》たること数十年、繊介《せんかい》の禍《か》なきは、馮驩《ふうかん》の計なり」と結んであります。

この馮驩が食客となった時にも一つのエピソードがあります。馮驩は最初はCクラスの室（伝舎）に入れられました、すると馮は剣をたたきながら、「長剣よ、帰ろう。飯に魚もつかないよ」とあてつけに歌ったのです。

そこで孟嘗君は、彼をBクラスの室（幸舎）にうつしました。食事に必ず魚がつきます。すると馮驩はまた歌って、「長剣よ、帰ろう。外出するのに車もないぞう。」孟嘗君はそこで彼をAクラスの室（代舎）にうつしました。車が必ずつきます。するとまた「長剣よ、帰ろう。一家を構えて母を養えないぞう。」そこで孟嘗君は彼に、じゅうぶんな手当を与えました。馮は二度と歌わなくなりました。

ですが馮の評判はよくありません。なんてずうずうしい身のほど知らずめ。「左右皆これを悪《にく》み、おもへらく、貧にして足るを知らずと。」貧しいくせに満足を知らないやつだということです。しかし結局は、この人こそが孟嘗君数十年の安泰をはかってくれた大恩人だったわけです。なかなかこういう人物はいませんね。

（戦国策）

李下《りか》に冠《かんむり》を整《ただ》さず、瓜田《かでん》に履《くつ》を納《い》れず

★疑惑を招くような行動は慎まなければならない。

戦国時代、斉の威王《せいい》の愛妃・虞姫《ぐき》がたまりかねて王にこう訴えました。

「周破胡《しゅうはこ》大臣は佞臣《ねいしん》です。賢人君子を誹謗《ひぼう》して退け、愚人小人《ぐじんしょうじん》を愛し、政治を乱しております。一日も早く破胡を退けて、徳望高い北郭《ほっかく》先生をご登用ください。」

ところがこの言はすぐに破胡の耳に入ったのです。宮中にはスパイが網の目のように張りめぐらされていますから。

これをきっかけに、虞姫の悪い噂《うわさ》があちらこちらに起こって、ついには虞姫と北郭先生とは不義密通の仲だとの噂もたちました。

けっきょく、破胡の讒言《ざんげん》が功を奏して、虞姫は逆に王の命令で、九層の楼上に幽閉されてしまいました。この時に虞姫は、

「私は十余年、王のそばに侍《はべ》り、忠節を尽くしてまいりましたが、いまや佞臣に陥れられました。私は潔白そのものですが、私に罪があるとすれば、それは『瓜田に履をいれず、李下に冠をただざず』という戒めを守らなかったことと、九層の高楼に幽閉されても、私の不徳ゆえに誰も弁解をしてくれる人がいないということです。どうか佞臣《ねいしん》・破胡《はこ》を除かれますように……」
とせつせつと訴えました。この真情あふれることばに威《い》王は、さすがにハッと悟るところがありました。その後、佞臣・周破胡と阿大夫《あたいふ》の罪状が暴露されて、極刑「烹《ほう》」の刑罰（煮殺しの刑罰、かまゆでの刑）に処せられ、斉の国は一新して治まったということです。

以上は前漢・劉向《りゅうきょう》の著『列女伝』によったものですが、ここで虞姫があげた戒めは『文選《もんぜん》』（南朝蕭統《しょうとう》〔昭明太子《しょうめいたいし》〕の編。詩文のすぐれたものを収めたもの）中の古詩に、

君子ハ防ギ二未然ニ一、不レ処ラ二嫌疑ノ間ニ一、瓜田ニ不レ納レ履ヲ、李

君子は未然に防ぎ、嫌疑の間に処《お》らず、瓜田《かでん》に履《くつ》を納《い》れず、李下に冠を整《ただ》さず。

下ニ不レ整サレ冠ヲ。　〈『文選』〉—

とあるのを引いたものです。

君子は事が大きくならないうちに禍《わざわい》を防ぎとめて、疑われるようなことはしない。たとえば、瓜《うり》泥棒とまちがえられるから、瓜畑には入らないようにする。また、実をつけた李《すもも》の木の下で冠をかぶりなおしたりしない。冠の中に李を入れると誤解され、すもも泥棒とまちがえられるから。

というわけで、賢明な人は、べつに実際にやましいところはなくとも、疑いの目で見られるような行為は慎まなければならない、と教えたものです。ここから「李下の冠」「瓜田の履」などのことばは、人の疑いを招きやすいことを表わすようになったのです。

愚《ぐ》公《こう》山を移す

★たえず努力をすれば、必ず成功する。
★ばか正直に努力を続ければ、事は必ず成しとげられるというたとえ。

山西省《さんせいしょう》に、太行山《たいこうざん》・王屋山《おうおくざん》という二つの山があって、それぞれ広さ七百里、高さは一万尋《ひろ》（一尋は両手を左右に伸ばした長さ。周代には八尺、日本では六尺。約一・八二メートル）、天高くそびえています。

その北の方に、愚公という九十歳にもなろうとするじいさんが住んでいましたが、山が前方にふさがり、どこに行くにも回り道をせねばならず、たいそう苦しんでいました。そこである日、このじいさんが家族の者を集めて言いました。

「険しい山を平らかにして、河南の南の方まで道を通し、漢水の北岸まで道を開くようにしたいが、どうだろう。」

皆がそろって大賛成。ただ、その細君だけが疑問を出したのです。

「あんたの力では、いままで小さい丘も崩すことができなかった。それがどうやって太行《たいこう》・王屋《おうおく》の山を崩すんですか。そのたくさんの土とか石は、どこに持っていくんですか。」

すると皆が、「渤海《ぼっかい》のはしっこの果てに捨てるさ」と。こうしてじいさんの家族は総出で、箕《み》や、もっこをかついで、石を割ったり、土を掘ったりして渤海へ運んだのです。隣人の後家さんの坊やも、やっと歯が抜けかわるぐらいの子供なのに、喜んで手助けに来てくれました。

けれど、こうして季節がひとまわりして、つまり一年かかっても、やっと渤海まで一往復できただけでした。

これを見た、黄河のほとりに住むりこうなじいさんが、そのばかばかしさを笑って言いました。「ばかというのはどうしようもないな。老いさき短いわずかな余生で、土石を運んでどうするんだい。そんなペースでやっていたら、山の一角だって崩すことはできないぞ。」

それを聞いた愚公《ぐこう》はため息をついて、「おまえさんのわからずやぶりは隣の後家の坊やにも劣るな。私が死んでも子がいる。子は孫を生み、孫は子を生む。その子は子を生み、子には孫がいて、子々孫々、尽きることはない。しかも山は絶対に増えることはない。必ず平らにしないでおくものか。」

これには知恵者のじいさんも、グーの音も出なかったのです。このようすを見ていたのは、知恵者のじいさんだけではありませんでした。蛇をあやつる山の神さまがこのやりとりを聞いて、人間どもは必ずやりとおすだろうと感じて、天帝に報告しました。すると天帝は、愚公の何物も恐れないまごころに感じて、二人の息子にそれぞれ山を背負わせて、一つは北東の方へ、一つは南の方へ運ばせたのです。それからというものは、河北の南から漢水のあたりまで、丘もまったく見えなくなって平らになったといいます。

これが古典『列子《れっし》』に記された「愚公移山」という物語ですが、これはなんと毛沢東によって、爆発的に中国全土に広まりました。

毛沢東主席が一九四五年六月十一日、延安において、中国共産党七全大会の閉会のことばとして、この故事をとりあげてこう言ったのです。

「いま、中国人民の頭上には、帝国主義と封建主義という二つの大きな山がのしかかっている。中国共産党は早くから、この二つの山をほりくずしてしまおうと決意している。われわれは必ずやり通す。そのためにはたえまなく働きつづけなければならない。そうすれば、われわれも上帝を感動させるであろう。この上帝とは、他ならぬ全中国の人民大衆である。全国人民大衆がいっせいに立ちあがって、われわれといっしょにこの二つの山をほるとすれば、それがどれほど巨大であろうと、どうしてほりくずせないことがあろうか。」（吉田実『老三篇』より）

毛沢東はたくみに中国の古典を引用して、全人民に共産党とともに闘うように強く訴えたのです。

同じく延安でなされた毛沢東の有名な演説に、「人民に奉仕する」というのがあります。このとき彼は、司馬遷《しばせん》の「報㆓任少卿㆒書」にある、

「人固有㆓一死㆒、或重㆓於太山㆒、或軽㆓於鴻毛㆒」（人固《もと》より一死有り、或いは泰山《たいざん》よりも重く、或いは鴻毛《こうもう》よりも軽し。［注］於＝比較をあらわす。）

つまり、「人はもともと死ぬものである。その死はある場合には泰山よりも重く、ある場合にはおおとりの羽毛よりも軽い」という一文を引いています。毛沢東は、この古典の文を引用して、

「人民の利益のために死ぬのは泰山よりも重く、人民を苦しめた者のために死ぬのは

鴻毛よりも軽いものだ。」

と語り、人民の利益のために捧げられた同志の死を悼んだのです。中国人が自由自在に古典を駆使するのがよくわかりますね。

あとがき

中国には、二千年も三千年もの昔から伝えられている「故事成語」というものがあります。

私はこのたび、プリマーブックスの依頼を受けたのをきっかけに、これを深く深く掘り下げてみました。するとそこには、思った以上に、人生の知恵と申しますか、この真髄と申しますか、それが現われてきて、恐ろしいほどの感動を覚えました。

みなさんも、この本を読むことによって、いわゆる目からウロコが落ちる思いにかられるでしょう。

漢文の現代的ときあかしなんかは、みるみるうちに、すらすらとはかどって、私のくちぐせ、「四角な漢字がマルーく」なって、学生さんも、サラリーマンも漢文大好き人間となること請け合いの本です。

そして、私たちの心を戒め、慰め、励ましてくれる、この中国の知恵は、人生の知恵となって、人間生活の微妙なプラス・マイナスまで教え、その指針までも与えてくれます。

それに、かてて加えて、みなさんよくご承知の、南伸坊さんのアッと驚くようなイラスト、これが星のさんざめくように要所要所に散りばめられて、理解を助けてくれます。

いたれりつくせりの本だと、私は自負しております。

さいごに、筑摩書房編集部の藤本由香里さんの、ことばに尽くせない努力とお力添えがあったことを記して、厚く感謝申上げたいと存じます。

一九九七年七月

多久弘一

本書は一九九七年八月、小社「ちくまプリマーブックス」の一冊として刊行された。

ちくま文庫

故《こ》事《じ》成語《せいご》で中国《ちゅうごく》を読《よ》む

二〇〇八年五月十日　第一刷発行
二〇二四年四月五日　第六刷発行

著　者　多久弘一（たく・ひろいち）

発行者　喜入冬子
発行所　株式会社　筑摩書房
東京都台東区蔵前二—五—三　〒一一一—八七五五
電話番号　〇三—五六八七—二六〇一（代表）
装幀者　安野光雅
印刷所　三松堂印刷株式会社
製本所　三松堂印刷株式会社

ISBN978-4-480-42433-4　C0195